나의
로컬 푸드
샐러드

일러두기
· 재료는 2인분을 기준으로 했고, 특별한 경우 따로 표기했습니다.
· 요리 재료의 올리브 오일은 엑스트라 버진 올리브 오일, 발사믹 식초는 3~5년산을 썼습니다.
· 삶거나 데치는 데 필요한 물과 소금은 재료에서 생략하고 만들기 과정에서 밝혀 적었습니다.
· 허브와 잎채소는 기호와 재료 상황에 맞춰 달리 써도 됩니다.

나의
로컬 푸드
샐러드

이선혜 지음

b.read

Intro

엄마의 재료와 나의 레시피가 만나는 시간

지난해 가을 여수로 와서 사계절을 보냈다. 주위의 놀라움과 부러움을 동시에 받으며 내려와 지내보니 결심을 잘했다 싶다. 청명한 하늘과 맑은 공기에 숨이 트였고, 햇살과 바람결에 전해지는 바다 내음은 어린 시절의 기억을 불러왔다. 아버지가 해군이어서 진해에서 자란 나에게 바닷가 마을에서의 하루하루는 동심으로 돌아가는 시간이었다. 그런데 바다 때문만은 아닌 것도 같다. 참기름 냄새 솔솔 풍기는 방앗간 앞을 지날 때, 바구니에 담긴 울퉁불퉁한 토마토와 꼬부라진 오이를 집을 때, 세련된 도시 상점의 그것에서는 느끼지 못한 투박함과 빈틈에 정감이 일었다. 무엇보다 큰 즐거움은 채소며 과일, 생선의 맛. 맛있는 것을 먹었을 때의 순수한 즐거움은 어떤 것에도 비할 수 없었다. 손톱만 한 완두콩에서 진한 향이 진동했고, 생선은 뭘 사서 어떻게 해 먹어도 남편과 아들이 "설탕이다!"라는 감탄을 연발했다. 새벽같이 일어나 교동 시장에 다녀오고, 산책 삼아 시골길을 거닐다 감자 캐는 아주머니들에게 갓 캔 흙 묻은 감자를 한아름 사고, 이웃의 텃밭에서 호박꽃을 땄다. 남해안의 사통팔달 여수에 사니 구례, 하동, 광양을 쉽사리 오가다 일주일이 훌쩍 가곤 했다. 임시로 얻은 아파트 베란다 너머의 바다 풍경과 소도시의 골목과 시골길과 로컬 마켓과 재래시장의 표정들. 이 모든 것이 선물처럼 나의 일상에 생기를 주었다.
지난 1년은 어린 시절 엄마의 밥상에서 먹던 재료와 나의 레시피가 만나는 시간이었다. 여수에 정착하려던 계획이 바뀌어 지리산 끝자락 하동 두곡리로 가기로 했다. 젊은 시절 멈춘 그림도 다시 시작하고, 손바닥만 한 텃밭에 허브도 가득 심을 것이다. 한없이 느긋하고 편안 마음으로 가지, 호박, 감자로 시작해 언젠가 펜넬, 엔다이브, 아티초크 등도 시도해보리라. '하동 제철 제 맛 꾸러미'를 만들어 친구들에게 보내는 흐뭇한 계획도 세워본다.
책을 만들며 돌산과 순천, 하동에서 텃밭 농사하는 이웃들에게 제철 채소를 얻었고, 남해의 친구는 멸치를, 섬진강의 지인은 낚시로 잡은 은어를 보내주었다. 소중한 수확을 아낌없이 전해주며 도와주신 데 고마움을 전한다. 서울에서 그릇을 챙겨 보내준 무아쏘니에 최 대표님과 나무 그릇을 내어준 목공예가 홍 작가님, 제 일처럼 도와준 순천 상사호의 친구에게도 감사드린다. 낯선 시골 생활에 기꺼이 동참해주고 열심히 도와준 남편 크리스티앙, Merci! 노지 토마토의 풀 내음과 햇고사리를 볶을 때 풍긴 달달한 냄새, 방앗잎의 향기를 독자들도 함께 누리기를 바라며.

2021년 여름
여수 돌산에서, 이선혜

Contents

- 4 Intro
- 9 로컬 푸드 샐러드를 위한 팁

PART 1
봄날의 채소

- 18 수란을 곁들인 햇완두콩 샐러드
- 20 하동의 봄을 알리는 두릅구이 샐러드
- 22 구운 총각무 래시디 샐러드
- 24 들깨 소스 머윗대 샐러드
- 26 순천 상사호 당근구이 샐러드
- 28 버터 향 가득 삶은 당근 샐러드
- 30 고사리, 달래, 콩으로 파스타
- 32 프랑스식 대파찜 샐러드
- 34 봄날의 보약 더덕구이 들깨소스 샐러드
- 36 구례 오일장 햇죽순과 표고 샐러드
- 38 베네치아식 햇양파조림
- 40 소라 콘킬리에
- 42 아삭아삭 애호박 통구이
- 44 애호박 바질 페스토 펜네
- 46 지리산에서 캐온 달래구이와 돼지 등심 스테이크
- 48 섬진강 다슬기와 마늘종 연근 샐러드

PART 2
봄바다의 맛

- 52 봄 낙지 그린 올리브 샐러드
- 54 봄에 잠깐 맛보는 별미 꼴뚜기 샐러드
- 56 남해 멸치로 매리네이드한 안초비
- 58 안초비를 곁들인 스페인식 판 콘 토마테
- 60 지중해식 취나물 바지락찜
- 62 간단 버전 바지락 파에야
- 64 여수 숭어 호박잎쌈
- 66 돌산 갓과 통영 도다리로 코르시카식 샐러드
- 68 근대와 폴렌타를 곁들인 금풍생이구이

PART 3
오일장의 기쁨

- 76 섬진강 다슬기 오색 샐러드
- 78 못난이 애호박 팍시
- 80 애호박 라페와 피타브레드 쌈
- 82 자색 양파를 곁들인 마살라 포크
- 84 순천 아랫장 손두부 샐러드
- 86 우엉채이 샐러드
- 88 미나리잎 홍합꼬치
- 90 튀김처럼 바삭한 칠게구이
- 92 수분 가득한 단맛 초당 옥수수 샐러드
- 94 허브 향 가득한 고등어 팍시
- 96 구우면 더 달다 파프리카 샐러드
- 98 여수 서대구이를 곁들인 흑미 리소토
- 100 블루치즈와 콩을 곁들인 하동 텃밭 아스파라거스
- 102 동네 텃밭에서 딴 조선호박 순두부 샐러드
- 104 구수하고 든든한 햇강낭콩 샐러드
- 106 여러 가지 콩을 곁들인 당근구이 샐러드
- 108 자투리 채소로 니스풍 3단 오믈렛
- 110 구례 오일장의 오렌지색 단호박 팍시

PART 4
쨍쨍 여름의 맛

118 리코타를 넣은 호박꽃구이
120 민어구이와 모둠 콩 샐러드
122 견과류를 곁들인 토마토 라이스 샐러드
124 갯장어 소금구이와 쑥갓 샐러드
126 횟감으로 돌돔 카르파초
128 빌라 올리바의 인기 메뉴
 그린 소스 전복 냉파스타
130 왕소라 콘킬리에 샐러드
132 통영 앞바다가 식탁에 비단가리비구이
134 프랑스의 감자전, 감자 갈레트
136 케이크처럼, 추억의 감자사라다
138 잡곡 샐러드를 곁들인 섬진강 은어구이
140 바삭하게 구운 은어구이
142 참소라 팍시 샐러드
144 참치 리예트와 검은콩 샐러드
146 엄마가 해주신건 만두처럼
 사보이 양배추 팍시
150 새콤달콤 고구마에 치킨 리예트
152 으깬 고구마 렌틸 샐러드
154 감자 대신 고구마로, 스페인식 오믈렛
156 토마토 아보카도 비트 샐러드

PART 5
흔하디 흔한 오이, 가지, 토마토로

162 동글동글 오이 샐러드
164 새콤달콤 오이 라페 샐러드
166 육류나 생선 옆에 알감자 오이 샐러드
168 보코치니 오이 샐러드
170 오이말이 샐러드
172 스페인 스타일 튀김처럼 구운 가지 스틱
174 길게 잘라서, 한여름 가지구이
176 시칠리아식 차가운 가지말이
178 지중해식 가지통구이
180 터키의 맛, 으깬 가지
182 태양의 기운을 머금은 노지 토마토 샐러드
184 토마토 새우 팍시
186 텃밭 민트잎과 완도 방울토마토 샐러드
188 한여름 피로 해소제 토마토 가스파초

PART 6
시장 과일들

192 천도복숭아 리코타 테린
194 리코타 치즈와 살구구이
196 오디 살구 샐러드
198 장미 향 솔솔 나는 참외 그린 샐러드
200 멜론 대신 프로슈토 참외 샐러드
202 더위 극복 빙수처럼 즐기는 수박
204 리코타 치즈를 곁들인 애플수박
206 수박 샐러드와 새우 케밥
208 레드 와인에 절인 체리 블루베리

218 Index

로컬 푸드
샐러드를 위한 팁

SALAD NOTE

로컬 푸드에 어울리는
5가지 드레싱

SH드레싱은 우리 입맛에 다소 느끼한 프랑스 정통 드레싱을 한국 사람들이 좋아하는 맛으로 변형한 레시피로, 양파와 머스터드가 들어가 우리 식재료와 잘 맞는다. 이 드레싱은 채소, 고기, 생선 할 것 없이 두루두루 어울린다. 이 외에 프랑스 가정에서 즐겨 만드는 프렌치 마요네즈를 기본으로 레몬과 들깻가루를 넣어 로컬 식재료에 어울리는 드레싱 레시피를 소개한다. 소개한 드레싱의 비율은 기호에 따라 가감할 수 있고, 샐러드 재료에 따라 머스터드를 빼거나 레몬만 뿌려 먹을 수도 있다. 나는 샐러드 드레싱에 소금과 설탕은 되도록 넣지 않는다. 이미 재료에 본연의 짠맛과 단맛이 있고, 드레싱에 넣는 식초와 머스터드가 맛을 돋우기 때문이다.

SH드레싱

엑스트라 버진 올리브 오일 3큰술, 잘게 다진 양파 1큰술, 화이트 와인 식초(또는 사과 식초) 홀그레인 머스터드 1큰술씩

1. 양파는 잘게 다진다. 다진 양파를 볼에 담고 화이트 와인 식초를 부어 1~2분 정도 두었다가 잘 섞는다.
2. 홀그레인 머스터드를 넣고 섞은 후 올리브 오일을 넣어가며 계속 젓는다.

비네그레트 드레싱

엑스트라 버진 올리브 오일 2큰술, 디종 머스터드 1큰술, 화이트 와인 식초 1큰술

1. 작은 볼에 디종 머스터드와 화이트 와인 식초를 넣고 잘 섞는다.
2. 올리브 오일을 1큰술씩 넣어가며 계속 저으며 섞는다.

프렌치 마요네즈 소스

달걀노른자 2개, 디종 머스터드·사과 식초 1큰술씩, 올리브 오일 200ml, 소금·통후추 약간씩

1. 볼에 달걀노른자 2개를 담고 거품기로 살살 동그랗게 저어가며 디종 머스터드를 넣어 골고루 섞는다. 올리브 오일을 조금씩 넣어가며 계속 젓는다.
2. ①이 되직하게 될 때까지 계속 저어가며 간을 보고 식초와 소금, 통후추 간 것을 넣는다. 꿀이나 설탕, 레몬, 홀그레인 머스터드, 홀 그레인 래디시, 들깻가루를 기호에 따라 추가한다.

레몬 마요네즈 소스

마요네즈 2큰술, 레몬주스 1큰술(또는 레몬 1개), 디종 머스터드 1/2큰술

1. 작은 볼에 마요네즈, 레몬주스, 디종 머스터드를 넣고 잘 섞는다.

들깨 마요네즈 소스

마요네즈 2큰술, 레몬주스 1큰술, 디종 머스터드 1/2큰술, 들깻가루 1큰술

1. 작은 볼에 마요네즈, 레몬주스, 디종 머스터드를 넣고 잘 섞는다.
2. 마지막에 들깻가루를 넣고 섞는다.

방아와 산초, 각종 향신료

남부 지방에서는 방아와 산초 등 향기 나는 풀을 즐겨 먹는다. 나는 통후추와 핑크 페퍼, 각종 허브 등 향신료를 자주 쓴다. 이런 향신료는 후각과 미각을 즐겁게 하고 시각적으로도 음식을 풍성하고 돋보이게 한다. 어머니가 나물 반찬에 참깨를 뿌리거나 생선찜에 붉은 고추를 저며 올리던 것도 같은 이치다. 허브 가루를 써도 되지만 민트, 로즈메리, 타임은 키우기가 쉽고 잎을 뜯어 솎아 쓸수록 잘 크기 때문에, 아파트에 살 때도 항상 창가 작은 화분에 키워서 음식에 썼다. 식물을 잘 못 키우는 사람도 이 세 가지는 햇볕만 잘 들면 얼마든지 잘 키울 수가 있으니 해볼 만하다.

방아는 도시에 살 때도 화분에 심어 먹었는데, 남도의 텃밭과 시장에서 만난 방앗잎은 손바닥만 한 크기가 될 만큼 실하게 자라 쌈으로도 먹을 정도다. 향도 얼마나 진한지 도시에서 맛본 것은 깻잎과 민트의 중간 향과 맛이었는데 이곳의 방앗잎은 펜넬의 풍미가 더해진 느낌이다.

산초는 봄에 새순 날 때 즐겨 쓰는데 모양도 사랑스럽고 은은하게 풍기는 향도 매력 있다. 산초의 씨는 매콤한 맛이 나서 고추가 들어오기 이전에 널리 쓰였다고 한다. 요즘은 약용으로 챙겨 먹기도 한다. 산초 기름과 산초 가루는 추어탕, 장어탕 등에 곁들여 비린 맛을 잡는다. 산초 기름으로 두부를 구우면, 그동안 먹던 두부가 아닌 특식 두부가 된다. 향의 묘미다.

산초와 비슷한 제피라는 것도 있다. 맛과 용도가 비슷한데 산초의 어린잎은 나물로 먹고, 제피는 장아찌나 피클에 넣어 독특한 풍미를 더할 때 쓴다.

제철에 갈무리해두는 재료들

예전에는 냉동실에 다양한 재료를 가득 넣어두었는데, 많은 이가 그러하듯 잘 활용하지 못하고 쟁여두는 것으로 끝나곤 했다. 그래서 이제 생고사리, 두릅, 콩 정도만 저장해둔다. 봄에 완두콩, 여름에 강낭콩과 호랑이콩을 삶아 냉동 보관하면 밥 지을 때도 넣고, 샐러드나 파에야에도 두루 쓸 수 있다. 이때 콩은 어떤 용도로 쓸지 모르기 때문에 소금을 넣지 않고 삶는다. 생고사리와 두릅도 데쳐서 소분해 냉동한다. 두릅은 해동 후 다시 한번 살짝 데치거나 익혀 쓰기 때문에 끓는 물에 소금을 조금 넣고 담갔다가 바로 꺼내듯이 데친다. 이렇게 하면 초록빛이 산다.

5월에는 남해 멸치를 올리브 오일에 절여 안초비(p.56 참조)를 만들고, 살구나 천도복숭아 등 제철에만 잠깐 나오는 과일은 설탕에 재우거나 잼보다 설탕이 덜 들어가는 콩포트(과일을 설탕에 조려 만든 프랑스 디저트)를 만든다. 이때도 보통 레시피보다 설탕을 적게 넣고, 과육이 뭉그러지지 않게 조리한다. 냉장고에 두고 먹으며 계절의 맛을 즐기는 기쁨을 이어가는데, 좀 더 두고 먹으려면 맨 위에 설탕을 한 겹 덮는다.

샐러드의 맛과 모양을 위한 조언

콩과 곡물, 소스

콩과 곡물을 쓰면 영양 균형이 좋고 한 끼 식사도 되는 든든한 샐러드가 된다. 제철에 삶아 냉동한 완두콩, 흰 강낭콩, 적강낭콩 등을 비롯해 서리태, 병아리콩, 렌틸 등 각종 콩류와 흑미, 귀리, 안남미, 녹두 등 다양한 곡물을 상비해두면 다채로운 식감의 샐러드를 만들 수 있다. 별도의 드레싱을 만들지 않아도 질 좋은 올리브 오일, 홀그레인 머스터드, 3~5년산 발사믹 비니거가 있으면 훌륭한 소스가 된다. 나는 그릭 요구르트도 샐러드 소스처럼 쓴다. 면포나 커피 필터에 하룻밤 거르면 농도가 되직해져 크림치즈나 찍어 먹는 소스 질감이 난다.

토핑 재료와 도구

갈릭 파우더나 양파 파우더는 뿌리기만 하면 되니 생마늘이나 양파보다 손쉽게 개운한 맛을 낼 수 있다. 파르메산 치즈는 간도 되고, 마지막에 갈아 올리면 음식에 풍미를 더하며 볼륨감을 주는 재료라서 즐겨 쓴다. 앞서 말했듯이 각종 허브 가루와 통후추, 핑크 페퍼는 음식을 마무리할 때 유용하다. 위의 재료들을 효과적으로 쓰기 위해 후추 그라인더, 치즈 그레이트, 필러 등을 갖춰둔다. 식탁 차림에서 샐러드를 덜어 먹는 서버나 집게, 커틀러리 준비는 필수다.

조리와 플레이팅

재료를 잘게 썰기보다 큼직하게 썰어 먹음직스럽게 내는 것을 선호한다. 그래서 샐러드를 낼 때 포크와 나이프를 세팅한다. 음식은 안타깝게도, 식탁에 내면 과정은 보이지 않고 결과물만 드러난다. 그래서 재료 손질과 조리 과정, 플레이팅이 중요하다. 채소는 색이 살도록 데치고, 구울 때도 노릇하고 먹음직스럽게 조리한다. 감자, 콜리플라워, 쌀을 익힐 때는 강황 가루를 1작은술 넣어 노란빛을 내기도 한다. 기본적으로 식재료 고유의 생김새나 덩어리감을 살려 보기 좋게 담으면 음식이 근사하고 먹음직스럽다. 때로는 둥근 케이크 틀이나 네모난 파운드케이크 틀을 이용해 색다른 변화를 주기도 한다. 추억의 '감자사라다'를 케이크처럼 모양 잡아 내보라. 재밌다.

봄날의 채소

Salad

PART 1

수란을 곁들인 햇완두콩 샐러드

모든 콩을 사랑하지만, 특히 완두콩에 대한 애정이 각별하다. 햇완두콩이 쏟아져 나오는 늦은 봄이면 곧 사라질 봄이 아쉬워 냉동실에 얼려 저장해둔다. 돌산 동네 시장에서 싱싱하고 알이 큰 완두콩을 사와 냄비에 저수분으로 찌는데 뚜껑이 달그락거리며 올라오는 진한 향이 얼마나 좋은지 모른다. 그 향에 이끌려 바로 한 숟가락 떠서 입에 넣으니 완두콩 향과 함께 진한 단맛이 아주 인상적이다. 남편 입에도 넣어주니 감탄사가 바로 튀어나온다. 완두콩 파는 할머니 말씀이 완두콩은 따는 그 순간부터 단맛이 줄어들기 때문에 사가는 즉시 조리하거나 바로 얼려야 한단다.

READY 깐 완두콩 1컵, 달걀 2개, 프로슈토 2장
SH드레싱 2큰술(또는 발사믹 식초 1큰술), 통후추 약간

COOKING

1. 달걀은 수란으로 만든다. 깊은 냄비에 물이 팔팔 끓으면 식초 1큰술을 넣고 동그라미를 그리며 2~3회 저은 후 달걀을 깨서 국자에 담아 회오리 치는 물에 살며시 넣고 중간 불로 낮춘다. 흰자가 동그랗게 만들어지면 체로 건진다.
2. 깐 완두콩을 바닥이 두꺼운 냄비에 물 1컵과 소금 1/2작은술을 넣고 뚜껑을 덮어 저수분으로 익힌다. 완두콩 익는 냄새가 나기 시작한 뒤 2~3분 지나 먹어보고 익었으면 찬물에 헹궈 체에 건진다.
3. 접시에 완두콩을 수북이 담고 수란과 프로슈토를 보기 좋게 담는다. 소시지를 곁들여도 좋다.
4. 통후추를 갈아 올려 완성한다.

하동의 봄을 알리는
두릅구이 샐러드

두릅은 봄을 알리는 전령이다. 초봄에 나무 두릅이 먼저 나오고 뒤를 이어 땅 두릅이 나오는데, 나무 두릅의 향이 훨씬 강하다. 두릅의 좋은 향이 초고추장의 진한 맛에 묻히는 것이 아쉬워 살짝 데친 후 올리브 오일에 튀기듯이 구워서 발사믹 식초나 SH드레싱에 찍어 먹는다. 이번 봄에는 하동 두곡리 산자락에서 따온 두릅의 진한 향 덕에 오감이 제대로 호사를 누렸다.

READY 두릅 8~10개, 달걀 2개, 빵가루 2큰술, 갈릭 파우더 2작은술
시즈닝(파슬리 가루나 바질 가루 등 초록색 허브 가루) 1/2작은술
올리브 오일 2~3큰술, 레몬 마요네즈 소스 3~4큰술(p.11 참조)
소금·후춧가루·잣 약간씩

COOKING

1. 두릅은 밑동을 잘라내고, 줄기에 가시가 있으면 칼로 긁어 제거한다.
2. 끓는 물에 소금 1/2큰술을 넣고 두릅을 5초 동안 담갔다 건진 다음 찬물에 헹궈 물기를 뺀다.
3. 달걀을 풀어 소금, 후춧가루로 살짝 간한다.
4. 빵가루에 갈릭 파우더와 시즈닝을 넣어 섞는다. 시즈닝은 생략해도 된다.
5. 팬을 달군 후 잣을 살짝 구워내고, 중간 불로 낮춘 후 올리브 오일을 넉넉히 두른다.
6. 두릅을 ③의 달걀물에 하나씩 적신 후 ④의 빵가루를 골고루 묻혀 팬에 올린다. 옅은 밤색이 나도록 앞뒤로 튀기듯이 굽는다.
7. 레몬 마요네즈 소스에 잣을 살짝 올려 두릅구이와 같이 낸다.

(Hint)
두릅의 독특한 모양이 살도록 직사각형 접시나 둥근 접시에 약간의 여백을 남기며 담는다.

구운 총각무 래디시 샐러드

요즘은 한국에서도 래디시를 구하기 쉽다. 래디시는 생으로 소금과 버터에 찍어 아삭하게 먹어도 좋고, 살짝 구워 발사믹 식초만 약간 뿌려도 맛있다. 고기나 파스타 등에 곁들이기 좋은 재료이고, 총각무구이와 함께 샐러드를 만들 때 시금치, 케일, 취나물 같은 녹색 채소를 곁들여도 좋다. 래디시의 붉은색을 살리려면 오래 굽지 않는 것이 핵심이다. 구운 무의 맛이 생소하다면, 경상도나 강원도에서 먹는 무전을 생각하면 된다.

READY 래디시 200g, 총각무 2~3개(없으면 일반 무 사용)
올리브 오일 2큰술, 발사믹 식초 1큰술, 소금·후춧가루 약간씩, 타임 1줄기

COOKING

1. 래디시는 밑동을 작은 칼로 다듬고, 총각무는 밑동과 껍질의 흙 부분을 깎아 다듬는다.
2. 래디시는 연약하므로 살살 조심스럽게 씻는다.
3. 팬을 달궜다가 중간 불로 낮춘 후 올리브 오일을 두르고 총각무를 먼저 굽는다. 뒤집을 즈음 래디시를 놓고 같이 구워 소금과 후춧가루를 살짝 뿌린다.
4. 붉은색과 초록색, 흰색의 대비가 돋보이는 깔끔한 접시에 담고 발사믹 식초를 두른 후 타임을 올린다.

들깨 소스 머윗대 샐러드

머윗대가 한창일 때면 남도의 어느 식당엘 가도 들깻가루를 넣은 머윗대볶음이 빠지지 않고 나온다. 구례 오일장에서 머윗대를 사다가 살짝 구워 들깻가루를 넣은 마요네즈와 먹어보니 맛있었다. 구워 먹는 머윗대는 굵어야 아삭하다.

READY 머윗대 250g, 볶은 들깨 2큰술, 마요네즈 2큰술, 올리브 오일 1큰술
타임 약간

COOKING

1. 손질 안 된 머윗대는 2~3등분해 끓는 물에 소금 1큰술을 넣고 5분 정도 삶는다. 삶은 머윗대는 찬물에 헹군 후 껍질을 벗긴다. 삶아 껍질 벗긴 것을 사왔다면 그대로 쓴다.
2. 볶은 들깨를 1작은술만 남기고 모두 갈아서 마요네즈와 섞는다.
3. 머윗대를 10cm 정도 길이로 잘라 달군 팬에 올리브 오일을 두르고 중간 불에서 앞뒤로 살짝 굽는다.
4. 구운 머윗대를 접시에 담고 ②의 들깨 마요네즈 소스를 올린다.
5. ②에서 남겨둔 들깨를 뿌리고 타임으로 장식한다.

순천 상사호
당근구이 샐러드

서울에서 일부러 주문해 쓰던 미니 당근이 이곳에 오니 구하기가 쉽다. 시골 사는 소소한 재미가 이런 것. 순천 상사호 옆에 사는 지인이 텃밭에서 캐온 신선한 당근에 잎채소를 더해 샐러드로 먹는다. 생당근을 싫어하는 이들도 삶거나 구운 당근은 부드럽고 단맛이 올라가 좋아한다. 드레싱을 만들기 번거로우면 구운 당근과 푸른 잎채소에 발사믹 식초만 뿌려 먹어도 충분하다.

READY
(4인분)

미니 당근(줄기째) 8~10개, 잎채소(방앗잎·당귀·신선초·돌나물·갓 등 취향 따라 선택) 약간, 해바라기씨(또는 아몬드나 호두) 1작은술, SH드레싱 4큰술, 올리브오일·다진 파슬리 약간씩

COOKING

1. 당근은 밑동을 다듬어 씻는다.
2. 잎채소는 씻어 물기를 뺀다.
3. 해바라기씨는 팬을 달구면서 기름 없이 굽는다.
4. 팬을 달군 후 중간 불로 낮춰 당근을 올리고 오일을 살짝 뿌려 뒤집어가며 노릇하게 굽는다.
5. 접시에 잎채소를 펼쳐 담고 구운 당근이 돋보이도록 담는다.
6. 해바라기 씨를 뿌리고 먹기 직전에 드레싱은 뿌린다.

Hint
당근의 줄기와 잎, 꽃을 이용하면 별다른 데코 없이도 샐러드가 돋보인다.

버터 향 가득
삶은 당근 샐러드

유학 시절 학교 친구가 집에 놀러 오라기에 따라갔다가 친구 어머니의 권유로 가족 식사 자리에 함께한 적이 있다. 그때 식탁 위 큰 볼에 오렌지색 당근이 가득 담긴 모습을 보고 놀랐는데, 고기 접시에 듬뿍 덜어주신 그 당근이 얼마나 부드럽고 맛있던지 맛을 보고 다시 한번 놀랐다. 둘러앉아 함께 먹는 가족의 맛이었을까, 당근의 맛이었을까? 삶은 당근 샐러드는 그때부터 지금까지 내가 아주 사랑하는 메뉴다.

READY 당근 2~3개, 소금 1/2작은술, 버터 1큰술
굵게 다진 파슬리 1큰술, 당근잎, 통후추 약간씩

COOKING

1. 당근은 껍질을 벗기고 비슷한 크기로 자른다.
2. 끓는 물에 소금과 당근을 넣고 약한 불에서 15~20분 삶는다.
3. 삶은 당근을 건져 아직 따뜻할 때 버터를 1/2큰술 넣고 살살 섞는다.
4. 볼에 ③을 수북이 담은 뒤 당근잎과 다진 파슬리를 뿌리고 통후추를 갈아 올린 다음 나머지 버터 1/2큰술을 툭 올린다.

(Hint)
당근은 완전히 익어야 단맛이 최대로 올라온다. 당근 향을 싫어한다면 삶을 때 생강 파우더를 조금 넣어도 좋다.

고사리, 달래, 콩으로 파스타

영암의 이장님 댁 저녁 밥상에서 만난 고사리 반찬은 평생 먹어본 음식 중 베스트 10에 든다고 꼽을 만큼 감동적이었다. 월출산 도갑사 근방에서 손수 뜯어온 고사리를 볶아주셨는데 그 맛이 최고였다. 그날 이후로 생고사리가 나오면 삶아 냉동 보관해두었다가 그때 배운 방법대로 요리해 먹곤 한다. 여수에 정착하려던 계획에 변경이 생겨 장차 지리산 자락에 살 예정이다. 그 동네 역시 고사리가 지천이다. 나는 고사리를 무척 좋아해서 올리브 오일에 살짝 볶아 파스타 대용으로 배를 채우기도 하는데, 여기에 달래로 향을 더하고 콩으로 영양을 더한 식사 대용 메뉴를 소개한다.

READY 고사리·달래 한 줌씩, 병아리콩·검은콩 약간씩
올리브 오일·SH드레싱 1큰술씩, 소금 약간

COOKING

1. 병아리콩과 검은콩은 하룻밤 불렸다가 삶는다.
2. 생고사리는 씻어서 건져둔다. 냄비에 물을 넉넉히 붓고 끓이다가 소금을 조금 넣고 고사리의 밑동부터 담가 5분 정도 삶는다. 삶은 고사리는 물에 충분히 헹구고 밤새 물을 서너 번 갈아가며 독성을 뺀다.
3. 달래는 뿌리의 흙을 잘 씻어 건진다.
4. 팬을 달궈 중간 불로 낮춘 다음 올리브 오일을 두르고 데친 고사리와 소금 약간을 넣어 살살 볶는다.
5. 물기가 조금 남은 달래는 소금을 살짝 뿌려 센 불에서 돌리면서 재빨리 굽는다.
6. 접시에 달래와 고사리를 담고 병아리콩과 검은콩을 올린 뒤 드레싱을 뿌린다.

프랑스식 대파찜 샐러드

프랑스의 리크는 우리나라 대파보다 조금 더 굵고 흰 부분 위주로 조리에 이용한다. 한국에서는 리크를 이용하는 요리에 대파를 쓰면 된다. 찌거나 구워 푹 익힌 대파 샐러드에 마요네즈 드레싱을 올려 먹으면 더욱 감칠맛이 난다. 프랑스 비시(Vichy)에서 유학하던 시절 하숙집 할머니가 드시는 음식이 맛있어 보여 여쭈어 배운 메뉴다. 당시 대파로 샐러드를 한다고 해서 얼마나 낯설었는지 모른다. 가정식 요리지만 파리의 고급 레스토랑에서도 맛볼 수 있는 인기 메뉴이기도 하다. 남도에 사니 겨울철 노지에 심어 봄에 나온 대파가 많은데 단맛이 강해 샐러드로 먹으면 맛있다.

READY (4인분)
대파 6~7대, 달걀 3~4개, 레몬 마요네즈 소스(p.11 참조) 3~4큰술
딜 가루(또는 파슬리 가루) 약간

COOKING

1. 대파는 다듬어 씻는다. 초록색 부분은 익으면 조금 질긴 감이 있으므로 적당한 길이만 남기고 자른다. 대파가 너무 두툼하면 흰 부분에 세로로 1/3 정도 칼집을 낸다.
2. 달걀은 기호에 따라 반숙 또는 완숙으로 삶아 껍데기를 깐다.
3. 납작한 팬이나 냄비에 대파를 넣고 10~15분 찐다. 흰 부분을 찔러보아 말랑하면 다 익은 것이다.
4. 삶은 달걀을 칼로 잘게 부수듯이 깍둑썰기한다.
5. 접시에 찐 대파를 보기 좋게 담고 레몬 마요네즈 소스와 달걀을 올린 후 딜 가루나 파슬리 가루를 뿌린다.

봄날의 보약
더덕구이 들깨소스 샐러드

대개 더덕은 고추장 소스를 발라 굽지만 나는 매운맛에 더덕 향이 가려지지 않도록 고추장 없이 구워 먹는다. 마요네즈에 볶은 들깨를 갈아 섞은 소스에 찍어 먹는 이 샐러드는 봄에 즐겨 먹는 메뉴이고, 프랑스 친구들도 좋아한다. 지리산에서 캐온 더덕에, 갓 볶은 들깨 향을 누리니 입맛 없는 봄에 이보다 좋은 보약이 있을까 싶다. 번거롭지만 들깨는 볶아서 바로 갈아 먹으면 향이 더욱 풍부하다. 더덕과 들깨는 둘 다 향이 강하지만 서로 충돌하지 않고 잘 어울린다.

READY 더덕 4~6뿌리, 고수 한 줌, 올리브 오일 1큰술
볶은 들깨 1/2작은술, 들깨 마요네즈 소스(p.11 참조) 2큰술

COOKING

1. 더덕은 양쪽 끝을 잘라내고 솔로 씻는다. 끓는 물에 소금 1/2큰술을 넣고 더덕을 10초간 삶은 뒤 찬물에 헹궈 껍질을 벗긴다.
2. 굵은 더덕은 갈라 전체적으로 비슷한 크기로 준비해 물기를 닦은 후 두꺼운 냄비에 담아 저수분으로 데친다.
3. 고수는 이파리만 따 씻어서 물기를 뺀다.
4. 팬을 달군 후 중간 불로 낮춰 올리브 오일을 두르고 더덕을 가지런히 올린다.
5. 앞뒤로 노릇하게 구워 접시에 담고 고수와 들깨 마요네즈 소스를 곁들인다. 마지막에 볶은 들깨를 뿌린다.

(Hint)
더덕은 데쳐서 굽기 때문에 두들길 필요가 없다.

구례 오일장 햇죽순과 표고 샐러드

아직 서울은 추위가 채 가시지 않은 초봄, 구례장에서 어린 죽순을 만났다. 철이 지나면 통조림밖에 구하지 못하는 재료니, 반가워 사지 않을 수가 없었다. 생죽순은 쌀뜨물에 소금을 약간 넣고 20~30분 삶아 찬물에 헹구고 물기를 빼면 아삭한 식감이 살아 있다. 노지에서 키운 표고버섯도 시골 장에서 구해 먹는데, 구울 때 나는 향이 고기 냄새처럼 진하다.

READY   삶은 죽순 4~5개, 생표고버섯 3~4개, 올리브 오일 2큰술, 라임 1/2개
(4인분)   SH드레싱 2큰술, 씨겨자 적당량, 딜 1줄기, 딜 가루 약간

COOKING

1. 표고는 기둥을 잘라내 반으로 자르고, 죽순은 비슷한 크기로 썰어 물에 살짝 씻은 다음 물기를 제거한다.
2. 달군 팬을 중간 불로 낮춰 올리브 오일을 두르고 죽순을 앞뒤로 굽는다.
3. 표고도 죽순과 같은 방법으로 굽는다.
4. 구운 죽순과 표고를 접시에 가지런히 담고 라임은 반으로 잘라 손으로 즙을 짜서 골고루 뿌린다.
5. 드레싱을 뿌리고 씨겨자와 딜 가루를 뿌린 다음 딜 한 가닥으로 장식한다.

베네치아식 햇양파조림

학생 시절 고모와 베네치아를 여행하던 중 고급 레스토랑에서 처음 먹어보고 감동했던 메뉴다. 한참 뒤 서래마을에 살 때 프랑스 친구 집에 초대받아 가서 다시 먹어보고 요리법을 배웠다. 맛의 비결은 햇양파로 만드는 것. 사람은 거들기만 하고 모든 일은 자연이 한다고나 할까! 처음 양파를 익힐 때 물 대신 화이트 와인을 이용하면 훨씬 깊은 맛이 난다.

READY
(4인분)

햇양파(작은 것) 6~8개, 데친 완두콩·잣 1작은술씩, 올리브 오일 2~3큰술
화이트 와인(또는 물) 1컵, 시나몬 스틱 1개(또는 시나몬 파우더 1작은술)
정향 1~2톨, 생강 가루 1/2작은술, 흑설탕(또는 꿀) 1/2~1/3컵
화이트 와인 식초 2큰술, 말린 라즈베리(또는 건포도) 1작은술, 버터 1작은술
소금·통후추 약간씩

COOKING

1. 양파는 작은 것으로 골라 껍질을 벗기고 씻는다. 양파가 크면 반으로 자른다.
2. 잣을 팬이나 오븐에 기름 없이 살짝 굽는다.
3. 냄비에 올리브 오일을 두르고 양파, 소금, 통후추 간 것을 넣은 다음 화이트 와인을 붓고 뚜껑을 닫아 은근히 끓인다.
4. 양파 익는 냄새가 나면 시나몬, 정향, 생강 가루, 흑설탕, 화이트 와인 식초를 넣고 약한 불에 30~40분 뭉근하게 끓인다.
5. 후반에는 뚜껑을 열고 불을 세게 하여 지켜보면서 국물이 시럽 농도가 되면 불을 끈 뒤 완두콩, 라즈베리나 건포도를 넣는다.
6. 오목한 접시에 버터를 넣고, 조린 양파를 먹음직스럽게 담는다.
⑤의 졸인 국물을 떠 넣은 뒤 잣을 올린다.

소라 콘킬리에

콘킬리에(conchiglie)는 이탈리아어로 조개와 소라를 가리킨다. 그래서 소라 모양 파스타 역시 콘킬리에라고 부른다. 작은 소라 모양의 콘킬리에는 파스타의 곡면 안에 소스가 쏙쏙 들어가 먹는 재미가 있다. 푸실리, 펜네, 콘킬리에는 넉넉히 삶아 올리브 오일로 비벼두면 며칠 두고 먹어도 탱탱한 식감이 그대로다. 제철 완두콩을 데쳐서 얼려두면 이런 요리에 요긴하다.

READY 콘킬리에 파스타 180g, 삶은 소라 살 약간, 완두콩 6~7개, 애호박 1/2개
표고버섯 3개, 쪽파 1줄기, 올리브 오일 1큰술, 소금·통후추 약간씩, SH드레싱 2큰술

COOKING

1. 완두콩은 소금물에 데쳐 찬물에 헹궈 건진다.
2. 애호박, 표고, 쪽파는 씻어 건진다.
3. 애호박은 0.5cm 두께로 썰고, 표고는 반으로 잘라 애호박과 비슷한 두께로 썬다.
4. 냄비에 소라의 입 부분이 위로 향하게 넣고 잠길 정도의 물을 부은 후 굵은소금과 식초를 1큰술씩 넣어 20~25분 삶는다. 끓으면서 거품이 올라오면 건져 식힌 후 얇게 슬라이스한다.
5. 냄비에 물을 넣고 끓으면 콘킬리에와 소금 1작은술을 넣어 포장지에 적힌 시간대로 삶아 건진다. 바로 올리브 오일을 넣고 골고루 섞는다.
6. 팬을 달궈 중간 불로 낮춘 뒤 애호박과 표고, 쪽파를 굽는다.
7. 콘킬리에와 소라, 구운 채소와 완두콩을 볼에 담은 후 드레싱과 소금, 통후추 간 것을 넣고 섞어 낸다.

아삭아삭 애호박 통구이

집에서 가장 많이 먹는 채소가 애호박과 가지인데 찌개나 나물을 만들면 물컹한 식감이 별로 좋지 않았다. 나는 애호박의 아삭한 식감을 좋아해서 젊을 때는 애호박전을 구우면서 어느 두께일 때 최상의 맛과 식감이 되는지 시험해본 적도 있었다. 이 샐러드는 나만의 별난 애호박 사랑이 만들어낸 메뉴다. 시골 장 애호박으로 샐러드를 하면 더욱 달고 아삭한데, 아마도 수확하고 나서 우리 식탁에 오르기까지 걸린 시간이 짧아서 그런 것 같다.

READY (4인분) 애호박 2개, 방울토마토 1컵, 렌틸·퀴노아·보리 1큰술씩, 올리브 오일 1큰술 SH드레싱 1큰술, 파슬리 가루·소금 약간씩

COOKING

1. 방울토마토는 1/2~1/4쪽으로 자르고, 렌틸과 퀴노아, 보리는 삶아둔다.
2. 애호박은 씻어 물기를 닦고 세로로 2등분해 속을 길게 반 정도 파낸다.
3. 팬을 달군 후 중간 불로 낮춰 올리브 오일을 두른 다음 애호박의 자른 부분이 닿게 올려 굽는다. 노릇해지면 뒤집어 센 불로 잠시 올렸다가 애호박 구워지는 냄새가 나면 바로 접시로 옮긴다. 팬에 두면 물기가 생겨 아삭한 식감이 덜하다. 애호박 4조각을 모두 이렇게 구운 후 소금을 약간 뿌린다.
4. ①의 방울토마토와 삶은 잡곡을 볼에 넣어 드레싱과 골고루 섞은 후 애호박에 소복이 담고 파슬리 가루를 뿌린다.

애호박 바질 페스토 펜네

10년 전쯤 어느 날 남편이 냉장고에 남아 있는 애호박 자투리를 숭숭 썰어 오일 파스타를 만들었다. 달면서도 아삭한 호박 맛이 좋아 그날 이후 우리 집 단골 메뉴가 됐다. 봄이면 1인분에 애호박 1개 정도씩 듬뿍 썰어 넣어 만든다. 애호박 철에는 완두콩도 맛있어 둘을 같이 넣어보니 어울림이 좋았다.

READY 펜네 파스타 180g, 애호박 1/2~1개, 완두콩 1큰술, 올리브 오일 1큰술
바질 페스토 2큰술, 소금 약간

COOKING

1. 애호박은 0.5cm 두께의 반달 모양으로 자른다.
2. 완두콩은 소금을 약간 넣고 삶아 찬물에 헹궈 건진다.
3. 냄비에 물을 충분히 넣고 물이 끓으면 펜네와 소금을 약간 넣어 포장에 적힌 시간대로 삶는다. 삶은 펜네는 건져 올려 올리브 오일 1큰술을 고루 발라둔다.
4. 팬을 달군 후 중간 불로 낮추고 올리브 오일을 약간 둘러 애호박을 한 번만 뒤집으며 굽는다.
5. 준비한 재료를 볼에 모두 담고 바질 페스토를 넣어 섞는다. 먹기 직전에 소금을 약간 넣어 간을 맞춘다.
6. 오목한 그릇에 먹음직스럽게 담아낸다.

(Hint)
애호박은 뒤적이며 볶으면 모양도 흐트러지고 물기가 나오기 때문에 한 번만 뒤집어 굽는다.

지리산에서 캐온 달래구이와 돼지 등심 스테이크

이제 건강을 생각해서 돼지고기도 부드러운 삼겹살보다 안심이나 등심을 먹는다. 큰 덩어리를 오븐에 로스트해두면 햄처럼 며칠씩 두고 먹을 수 있다. 달래는 초봄에 나오면 꼭 달래장을 만들어 먹는데 집 지으려고 마련한 땅에서 캔 달래가 향긋해 그 향기를 고스란히 누리려고 올리브 오일에 구워보았다. 고기는 굽기 전에 밑간을 하며 올리브 오일을 바르면 잡내가 없어지고 육질이 부드러워진다.

READY 돼지 등심(또는 안심) 400~500g(2조각), 달래 한 줌, 올리브 오일 3큰술
발사믹 식초·케이퍼·홀그레인 머스터드·소금·통후추 약간씩

COOKING

1. 돼지고기는 두툼하고 길게 썰어 올리브 오일 3큰술을 고루 바르고 소금, 통후추 간 것을 뿌려 1시간 정도 실온에 둔다.
2. 달래는 뿌리 부분의 흙을 잘 씻어 헹군 뒤 건진다.
3. 오븐 트레이에 종이 포일을 깔고 고기를 놓아 올리브 오일을 한 번 더 뿌린다. 오븐을 200℃로 예열해 170℃로 내린 다음 고기를 넣고 30분 정도 구워 꺼낸다.
4. 팬에 굽는다면 팬을 달군 후 중간 불로 낮추고 올리브 오일 약간을 뿌린 고기를 올린다. 고기 냄새가 나기 시작하면 뚜껑을 고기 위쪽으로 반쯤 살짝 걸쳐 올려놓고 굽는다. 고기 안쪽까지 익는 데 도움이 되고, 물기도 생기지 않는다. 노릇해지면 뒤집어서 익힌 뒤 고기를 꺼낸다.
5. ④의 팬을 센 불에 올려 물기가 살짝 남은 달래를 한꺼번에 넣고 굽는다. 달래 향이 나면 얼른 뒤집어 구워 꺼낸다. 오븐에 구울 때도 고기를 구운 트레이에 같은 방법으로 달래를 굽는다.
6. 접시에 달래와 고기를 보기 좋게 담는다. 발사믹 식초를 뿌리고 케이퍼를 얹은 후 홀그레인 머스터드를 곁들인다.

섬진강 다슬기와
마늘종 연근 샐러드

나는 연근의 아삭한 식감이 살아 있는 튀김을 좋아하는데, 튀김 기름을 버리는 것이 마음이 편치 않아 튀김 같은 식감이 나도록 구워 먹는다. 마늘종은 봄에 잠깐 볼 수 있어 봄이면 열심히 먹는 재료다. 고추장무침도 맛있으나, 채소 자체의 맛으로 듬뿍 먹는 것을 좋아해 데쳐서 발사믹 식초를 곁들인다. 다슬기와 연근, 마늘종은 의외의 조합인데 반전의 맛이 있다.

READY 연근(중간 크기) 1개, 마늘종 4~6줄기, 섬진강 다슬기 2큰술
올리브 오일 1큰술, 발사믹 식초 약간

COOKING

1. 연근은 씻어서 필러로 껍질을 벗긴 뒤 0.5cm 두께로 썰어 물에 담근다. 세로로 반을 갈라 썰어도 된다.
2. 마늘종은 씻어 건지고, 다슬기는 삶아서 속을 뺀다.
3. 끓는 물에 소금 1/2작은술을 넣고 연근을 넣어 5~8분 데친 후 찬물에 헹궈 건진다.
4. 마늘종은 연근 삶으면서 익는 냄새가 날 때 잠깐 넣어 색이 진해지면 바로 꺼내 찬물에 헹궈 건진다.
5. 팬을 달군 후 중간 불로 내려 올리브 오일을 살짝 두르고 연근을 올려 앞뒤로 노릇하게 굽는다.
6. 접시에 연근을 담고, 마늘종은 자르지 않은 채 통으로 돌려 담거나 손가락 길이로 잘라 담은 후 다슬기를 위에 올린다.
7. 먹기 직전에 올리브 오일과 발사믹 식초를 살짝 두른다.

봄바다의 맛

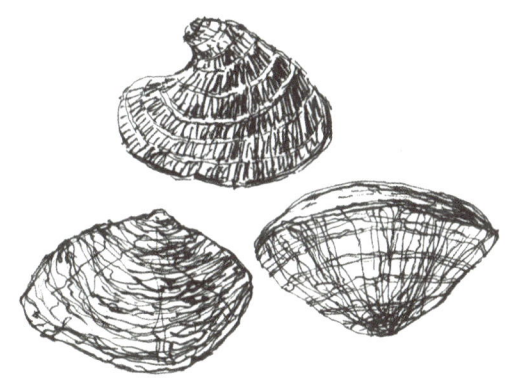

Salad

PART 2

봄 낙지 그린 올리브 샐러드

나는 낙지 역시 채소처럼 원재료의 맛을 최대한 즐기고 싶어 진한 양념보다는 가벼운 드레싱을 얹어 먹는다. 흔히 봄 주꾸미, 가을 낙지가 제철이라 하지만, 요즈음은 시장에 가면 낙지가 사철 내내 보인다. 나는 가을 낙지보다도 매서운 겨울을 나고 산란 철인 봄을 맞이하기 직전에 잡힌 낙지가 맛있다.

READY 낙지 2마리, 그린 올리브 4~5개, 레몬 1/2개
고수·딜 가루·SH드레싱 약간씩

COOKING

1. 낙지는 가위로 머리를 자르고 내장과 눈, 입을 제거한 뒤 굵은소금을 충분히 뿌리고 거품이 나도록 문질러 찬물에 여러 번 헹군다.
2. 낙지에 밀가루를 뿌려 빡빡 주물러 씻으면 이물질과 빨판까지 씻긴다. 밀가루가 남지 않게 여러 번 헹궈 건진다.
3. 고수는 씻어서 건져둔다. 레몬은 소금이나 베이킹 소다로 문질러 씻는다.
4. 냄비에 물을 팔팔 끓여 낙지를 머리부터 넣다가 다리를 넣는다. 1분쯤 삶다가 재빨리 건져 찬물에 헹군다. 오래 삶으면 질기다.
5. 삶은 낙지를 한입 크기로 잘라 접시에 담고, 올리브와 고수를 얹는다. 레몬의 반은 즙을 짜서 뿌리고 반은 곁들인다. 드레싱을 뿌리고 딜 가루를 뿌린다.

봄에 잠깐 맛보는 별미
꼴뚜기 샐러드

남해안에서 봄철의 꼴뚜기는 놓쳐서는 안 될 별미다. 남도의 어르신들은 꼴뚜기로 젓갈도 담고, 회무침을 즐기기도 한다. 나는 물에 살짝 데치거나 오븐에 구워 샐러드로 먹는다. 봄철 돌산의 이웃분들이 아기 손같이 여린 잎채소를 나눠 주어 곁들이니 꼴뚜기 샐러드 맛이 더욱 특별하다.

READY 꼴뚜기 1컵, 어린 쑥갓·민트잎·미나리 약간씩, 레몬 1개
머스터드 시드 1작은술, SH드레싱 1큰술

COOKING

1. 꼴뚜기는 몸통 부위를 가위로 살짝 갈라 투명한 심과 눈, 내장을 제거하고 씻어 체에 건진다.
2. 샐러드용 채소들도 다듬어 씻어 건진다.
3. 레몬은 소금이나 베이킹 소다로 문질러 씻는다.
4. 작은 냄비에 물 2컵을 넣고 끓으면 소금 1/2작은술과 꼴뚜기를 넣어 데친다. 꼴뚜기가 흰색으로 변하면 바로 건져 찬물에 재빨리 헹군다.
5. 물기를 턴 샐러드 채소를 접시에 보기 좋게 담고 꼴뚜기를 얹는다.
6. 레몬을 반으로 갈라 하나는 샐러드와 꼴뚜기 위에 즙을 짜서 뿌리고 나머지는 잘라서 곁들인다.
7. 머스터드 시드와 드레싱은 먹기 직전에 뿌린다.

남해 멸치로 매리네이드한 안초비

오래전 남프랑스 휴양지 생트로페의 한 레스토랑에서 주인이 직접 만들었다고 자랑하며 내놓은 안초비를 맛본 적 있다. 그때의 기억이 좋아 몇 해 전부터 멸치 철이면 남해에서 생멸치를 주문해 내가 수입하는 스페인 올리브 오일에 절여 안초비를 만든다. 멸치가 신선하고, 순천만 고운 소금으로 살짝 간을 하니 내 입맛에 맞는, 짜지 않은 안초비가 완성된다. 빵이나 파스타, 샌드위치, 피자 뿐 아니라 의외로 비빔국수에도 잘 어울린다. 여수로 온 후 남도에 흔한 산초잎을 따서 뿌리니 그 맛이 한층 좋다. 식성에 따라 마늘, 월계수잎, 페페론치노, 통후추 등으로 양념을 더 해도 된다. 오래 보관한다면 굵은소금으로 간을 조금 세게 한다.

READY 신선한 멸치 8~10마리, 고운 소금 1작은술
(4인분) 엑스트라 버진 올리브 오일 4~8큰술, 라임 1/2개, 산초잎·타임 약간씩

COOKING

1. 멸치를 반으로 갈라 머리, 내장, 뼈를 조심스레 제거하고 꼬리는 살려 물에 씻은 뒤 체에 밭친다.
2. 멸치의 물기가 어느 정도 빠지면 한 마리씩 들고 종이 타월로 물기를 닦는다.
3. 밀폐 용기에 멸치를 하나씩 펴 담은 후 고운 소금을 한 꼬집씩 살살 뿌리고 올리브 오일 1큰술 뿌린 다음 산초잎을 조금씩 얹는다.
4. ③의 과정을 반복해 담아 쌓고 뚜껑을 닫아 3~4일 정도 냉장 숙성한다.
5. 접시에 안초비를 담고 올리브 오일을 넉넉히 두른 뒤 라임을 짜서 뿌리고 타임을 곁들인다.

안초비를 곁들인
스페인식 판 콘 토마테

스페인의 판 콘 토마테(pan con tomate)는 '토마토를 곁들인 빵'이라는 뜻이다. 주로 갓 구운 빵 위에 마늘과 토마토를 문지른 후 올리브 오일을 뿌려 먹는데 토마토가 최상의 상태일 때는 생으로 얹고, 맛이 없거나 덜 싱싱할 때에는 볶아서 얹는다. 남해 멸치로 만든 안초비를 저장해두었다가 빵 위에 토마토소스와 함께 올리고 올리브 오일 듬뿍 뿌려 와인 안주로 먹는다. 맛있는 토마토만 있으면 스페인 전통식 못지않다.

READY 바게트 6~8조각, 안초비(p.56 참조) 3~4마리, 올리브 오일·타임·바질 가루 약간씩, **토마토소스** 완숙 토마토 1개, 마늘 1쪽, 올리브 오일·바질 가루·소금·통후추 약간

COOKING

1. 완숙 토마토는 잘게 썰고, 마늘은 다진다.
2. 팬에 올리브 오일을 두르고 마늘과 토마토를 넣어 볶다가 바질 가루와 소금을 한 꼬집씩 넣고 통후추를 갈아 뿌린다.
3. 바게트를 구워 토마토소스를 바르고 안초비를 한 마리씩 올린 다음, 올리브 오일을 살짝 뿌리고 타임과 바질 가루를 올린다.

지중해식 취나물 바지락찜

바다가 있는 나라라면 어디서든 홍합과 바지락을 많이 먹는 것 같다. 특히 한국에서 먹는 제철 바지락은 가격도 싸고 진한 맛이 일품이다. 바지락이 맛있는 철에 해감해 냉동 보관한 후 파스타나 파에야에 넣는다. 무엇이든 신선한 재료로 바로 만드는 것을 원칙으로 하지만 냉동고 덕에 좋은 해산물은 쟁여두고 즐기기도 한다.

READY 바지락 4컵, 맥주(또는 화이트 와인·물) 1/2컵, 레몬 1개
(4인분) 취나물 약간(또는 제철 잎채소), 홍고추 1~2개
     올리브 오일 1큰술, 다진 파슬리(또는 딜 가루) 약간

COOKING

1. 바지락은 전날 밤 소금 1~2큰술을 넣은 소금물에 담가 냉장고에서 해감한 후 여러 번 헹궈 건진다.
2. 레몬은 소금이나 베이킹 소다로 문질러 닦는다. 취나물은 다듬어 씻어 건져두고, 홍고추는 어슷하게 썬다.
3. 커다란 냄비나 팬에 바지락을 담고 올리브 오일을 골고루 뿌린 다음 불을 켜고 뜨거워지면 화이트 와인이나 맥주를 붓는다. 없으면 물을 부어도 된다.
4. 알코올이 날아가면 뚜껑을 닫고 껍데기가 벌어질 때까지 그대로 둔다.
5. 껍데기가 다 벌어지면 취나물을 넣고 조개와 어우러지게 슬쩍 섞은 후 불을 끈다.
6. 레몬을 반으로 쪼개 하나는 조개 위에 즙을 짜 두르고 나머지는 같이 담아낸다.
7. 홍고추와 다진 파슬리를 솔솔 뿌린다.

(Hint)
매운맛을 좋아하면 청양고추나 홍고추를 처음부터 넣고 조리한다.

간단 버전 바지락 파에야

올리브 오일을 수입하면서 스페인분께 정통 발렌시아식 파에야 만드는 법을 배울 기회가 있었다. 원래 파에야에서 중요한 부분은 토끼 고기나 다른 고기로 육수를 아주 오래 끓여 우려내는 것이다. 그 과정이 우리가 곰국 끓이는 것만큼이나 끈기와 인내가 필요하다. 파리 시절에는 맛있는 파에야를 먹으러 15구의 단골 레스토랑에 가끔 갔는데, 그 기억 속의 맛을 재현하고 싶지만 준비와 과정이 너무나도 길고 복잡하다. 그래서 집에서는 바지락만으로 간단하게 파에야를 만든다. 여수에 오니 제철 바지락이 특히 맛있어 다른 재료가 없어도 아쉽지 않다.

READY (4인분)
바지락 2컵, 쌀 2~3컵, 사프란(강황 가루 대체 가능)·소금 1/2작은술씩
바지락 육수 1 1/2컵, 양파(중간 크기) 1개, 마늘 2쪽, 올리브 오일 3큰술
다진 파슬리 2큰술, 갈릭 파우더 1큰술, 통후추 약간

COOKING

1. 쌀은 30분 전에 씻어 사프란 가루와 소금을 풀어 물에 담가둔다.
2. 바지락은 전날 밤 소금물에 담가 냉장고에서 해감한 후 여러 번 헹궈 건진다.
3. 바지락을 냄비에 넣고 물 2 1/2컵과 다진 파슬리 1큰술, 올리브 오일 1큰술을 넣은 후 뚜껑을 덮고 껍데기가 벌어질 때까지 삶아 바지락만 건져낸다.
4. 양파는 잘게 썰고, 마늘은 편으로 썬다.
5. 큰 팬이나 납작한 냄비를 달궈 중간 불로 낮춘 후 올리브 오일 2큰술을 두르고 마늘과 양파를 볶다가 쌀도 조금씩 넣어가며 살살 볶는다.
6. ⑤에 ③의 바지락 육수를 조금씩 넣어 저으면서 끓이다가 뚜껑을 덮고 가장 약한 불로 20분 정도 둔다.
7. 밥 냄새가 나면 80% 정도 익었다고 보면 된다. 쌀이 익은 정도에 따라 육수나 물을 조금 더 붓는다.
8. ③의 바지락과 갈릭 파우더다진 파슬리 1큰술을 넣어 센 불에 한 번 더 섞은 후 통후추를 갈아가며 뿌리고, 파슬리를 얹는다.

여수 숭어 호박잎쌈

봄이면 여수 바닷가 어디에서나 몰려다니는 숭어 떼가 보이고, 시장에서는 가게마다 숭어 포를 뜨느라 분주하다. 봄철 숭어회는 여수의 다섯 가지 진미 중 하나다. 우리 전통의 생선 보쌈만두를 호박잎과 찌니 호박잎 향이 그윽하고 색도 곱다. 호박잎이 없으면 머위잎이나 근대잎으로 말아도 좋다. 찜통에 오래 두면 쌈채소의 색이 예쁘지 않으므로 익었다 싶을 때 바로 꺼내 식힌다. 싱싱한 횟감으로 만들었으니 맛은 말해 무엇하리.

READY   숭어 2마리, 호박잎 8~10장, 올리브 오일·다진 파슬리·호박씨 1큰술씩, 타임 가루·소금·통후추 약간씩, 발사믹 식초 1큰술 또는 레몬 마요네즈 소스(p.11 참조) 4~5큰술, 미니 파운드케이크 틀(3.5×6cm) 2개, 호박꽃 1송이

COOKING

1. 숭어는 세 장 뜨기로 살만 바른다. 횟감을 사용해도 된다. 숭어 살을 펼쳐 올리브 오일을 바르고 다진 파슬리, 타임 가루, 소금, 통후추 간 것을 뿌려 재운다.
2. 호박잎은 깨끗이 씻어 건진다.
3. 호박씨는 팬에 기름 없이 살짝 굽는다.
4. 호박잎을 펼쳐서 크기에 따라 1~2장씩 겹치고 ①의 숭어를 가운데에 놓는다. 호박잎의 양쪽을 먼저 접은 다음 아래위도 접어 감싼다.
5. ④를 호박잎 접힌 쪽이 바닥 쪽으로 가도록 케이크 틀에 담는다.
6. 찜통에 중간 불로 10분 정도 쪄서 식힌 후 엎어서 쌈을 꺼낸다.
7. 쌈을 어슷하게 잘라 접시 위에 올리고 구운 호박씨를 뿌린다.
8. 호박꽃을 올리고, 발사믹 식초를 뿌리거나 레몬 마요네즈 소스를 곁들여 먹는다.

돌산 갓과 통영 도다리로
코르시카식 샐러드

가자미는 사계절 시장에 나오지만 도다리는 봄에만 있다. 나오는 기간이 너무 짧아 봄이면 꼭 먹어줘야 할 의무감까지 든다. 진해에 살던 어린 시절 엄마는 도다리미역국도 끓여주셨는데, 요즘 그 생각이 자주 난다. 가자미, 넙치류 생선은 굽는 것이 가장 맛있는 것 같아 귀한 통영 도다리를 구워서 샐러드를 만들었다.

READY (4인분) 도다리 2마리, 감자(중간 크기) 4개, 돌산갓 두 줌(근대·시금치 등 푸른 잎 채소 대체 가능), 미니 당근 약간(생략 가능), 강황 가루 1/2작은술, 올리브 오일 4큰술 타임 3~4줄기, 발사믹 식초·레몬즙·딜 가루·소금·믹스 통후추 약간씩

COOKING

1. 도다리는 내장과 비늘, 머리, 꼬리, 지느러미를 제거하고 흐르는 물에 깨끗이 씻어 건진다.
2. 감자는 껍질을 깎아 물에 담그고, 갓과 미니 당근은 손질해 씻어 건진다. 큰 당근을 사용할 경우에는 손가락 모양으로 썰어둔다.
3. 냄비에 감자가 잠길 정도로 물을 붓고 강황 가루를 넣어 푼 후 소금 1/2 작은술을 넣고 감자를 삶는다.
4. 감자를 삶는 동안 팬을 달궈 중간 불로 낮추고 올리브 오일을 살짝 둘러 당근을 노릇하게 굽는다.
5. 갓은 8~10cm 길이로 잘라서 줄기부터 팬에 얹고 올리브 오일을 살짝 둘러 굽는다. 구워지는 냄새가 나면 나머지 잎들을 넣은 뒤 소금을 약간 뿌린다. 갓은 생으로 먹으면 알싸하지만 구우면 달다.
6. 팬을 달군 후 중간 불로 내려 올리브 오일을 4큰술 정도 넉넉히 두르고 도다리를 종이 타월로 물기를 닦아 올려 굽는다. 노릇하게 구워지면 조심스럽게 뒤집고, 다시 노릇해지면 불 온도를 살짝 올려 앞뒤로 바싹 더 굽는다.
7. 접시에 구운 채소와 삶은 감자를 담고 도다리를 올린다. 채소 위에 발사믹 식초와 레몬즙을 두른 후 믹스 통후추 부수어 뿌리고, 딜 가루와 타임을 얹는다.

딱돔을 여수에서는 '금풍생이'라고 부르는데 구전에 따르면 이순신 장군이 즐겨 먹었다고 한다. 살이 쫀득하고 잔가시가 없어 발라 먹기 좋으나 제철인 4, 5월에만 먹을 수 있다. 다른 고장에서는 잘 안 잡히는지 유독 여수에서만 많이 먹는 듯하다. 맛이 너무 좋아 남편은 주지 않고 애인에게만 준다고 해서 여수 사람들 사이에서는 '샛서방고기'라는 별칭이 있을 정도다. 칼집 내어 직화로 구운 것이 최고로 맛있지만 집에서는 오븐으로 구워 대신한다.

근대와 폴렌타를 곁들인 금풍생이구이

READY 금풍생이 1~2마리, 근대잎 4~5장, 노란 고추 1~2개, 폴렌타용 옥수수 가루 4큰술, 소금 1/4작은술, 올리브 오일·파르메산 치즈 가루 1큰술씩, SH드레싱 2큰술 바질 페스토·핑크 페퍼·딜·통후추 약간씩

COOKING

1. 금풍생이는 내장과 비늘을 제거해 깨끗이 씻는다.
2. 근대와 고추는 씻어서 건져둔다.
3. 냄비에 물을 1 1/2컵을 붓고 끓으면 폴렌타용 옥수수 가루와 소금 1/4 작은술을 넣은 뒤 살살 저어가며 약한 불에서 2~3분 정도 끓이다가 불을 끄고 잠시 뜸을 들인다.
4. ③의 폴렌타를 살살 저으며 올리브 오일 1큰술과 파르메산 치즈 가루를 넣고 골고루 섞는다.
5. 종이 포일을 깐 오븐 트레이에 금풍생이를 올린다. 오븐을 170℃로 맞추고 금풍생이를 넣어 25~30분 겉면이 노릇하도록 굽는다.
6. 팬을 달군 후 중간 불로 낮춰 올리브 오일을 약간 뿌린다. 근대를 물기가 남아 있는 채로 올리고 소금을 한 꼬집 뿌려 앞뒤로 살짝 굽는다.
7. 고추는 팬에 올려 양면을 굽는다.
8. 접시에 구운 금풍생이를 얹고 근대잎과 폴렌타를 곁들인다. 구운 고추와 핑크 페퍼, 딜로 장식하고 바질 페스토와 드레싱을 뿌려 낸다.

> **Hint**
> 폴렌타는 제과용 옥수수 가루나 옥수수 전분이 아닌 폴렌타 전용 옥수수 가루을 써야 한다.

오일장의 기쁨

Salad

PART 3

섬진강 다슬기 오색 샐러드

늦은 봄이나 초여름에 하동으로 들어가다 보면 섬진강 어귀에서 아낙들이 다슬기 캐는 광경이 눈에 들어온다. 그 장면을 볼 때면 어린 시절 바다고둥을 잡아 끝을 자르고 쪽 빨아 먹던 기억이 난다. 구례 오일장에 가면 아주머니들이 다슬기를 까서 팔고 있다. 알이 굵은 게 나오는 날이면 수북이 사 들고 와 다양하게 한철 즐긴다.

READY 깐 다슬기 1컵, 토마토·노란 파프리카 1개씩, 아보카도 1/2개
산초잎(또는 민트잎) 약간, SH드레싱 2큰술

COOKING

1. 토마토와 파프리카는 손톱 크기로 자른다.
2. 아보카도는 반으로 갈라 비틀어 쪼갠 후 숟가락으로 껍데기와 속을 분리해 파프리카와 비슷한 크기로 썬다.
3. 산초잎은 한 줄기를 남기고 다진다.
4. 접시에 빨간 토마토, 노란 파프리카, 초록 아보카도 순으로 올리고 마지막에 다슬기를 소복하게 얹는다.
5. 다진 산초잎을 뿌리고 드레싱을 두른 후 ③의 남겨두었던 산초잎으로 장식한다.

(Hint)
남도에는 산초잎이 흔하지만 구하기 어려우면 민트나 파슬리 등 향기로운 허브로 대체한다.

못난이 애호박 파시

인큐베이터에서 자라 모양이 똑같은 애호박이 쌓인 광경을 마트에서 볼 때마다 안타까운 마음이 든다. 여름철 장에 나가면 자유분방하다 못해 못난 애호박을 모아 한 꾸러미씩 파는 노점이 꼭 있다. 못난이 애호박이 반듯한 것들보다 무조건 더 맛있다고 할 수는 없지만, 장에 못난이 호박이 여기저기 보이면 호박이 가장 맛있는 철이라는 뜻이다. 이 시절 호박은 단맛과 수분이 최고조에 달한다. 애호박 파시는 혼자 있는 날 점심 한 끼를 때우기에도 좋고, 손님상 애피타이저로도 좋다.

READY (4인분)
애호박 4개, 그릭 요구르트(또는 리코타 치즈) 6~8큰술, 퀴노아(또는 잣이나 견과류) 1큰술, 함초(또는 파슬리 등 다른 허브)·소금·통후추 약간씩

COOKING

1. 애호박은 씻어 물기를 닦은 다음 반 정도로 대강 썬다. 좁은 과도로 속을 파내는데, 가능하면 칼을 깊게 넣어 파는 게 좋다.
2. 그릭 요구르트는 전날 면포나 체에 한 번 걸러 물기를 빼서 되직하게 만든다.
3. 퀴노아는 소금을 약간 넣어 삶는다. 삶아 냉동한 것을 쓴다면 올리브 오일에 살짝 볶는다.
4. 함초는 살짝 데쳐 물기를 뺀다.
5. 속을 파낸 애호박을 찜통에 찐다. 입맛에 따라 찌기 전 호박 안에 소금을 살짝 뿌려도 된다. 호박 냄새가 나기 시작하면 바로 꺼내 식힌다. 80% 정도 익은 상태인데 이 정도가 색도 곱고 식감도 아삭해서 좋다.
6. 볼에 그릭 요구르트와 퀴노아, 함초를 넣고 소금과 통후추를 살짝 뿌려 골고루 섞는다.
7. 큰 접시나 넓은 볼을 준비하고 식은 호박에 ⑥의 소를 꾹꾹 담아 보기 좋게 올린다.

Hint
그릭 요구르트나 리코타 치즈 대신 두부를 으깨서 물기를 뺀 뒤 페타 치즈를 조금 넣어 섞어도 맛이 좋다. 파낸 애호박 속은 버리거나 다른 요리 재료로 활용한다.

애호박 라페와 피타브레드 쌈

예전에는 애호박을 생으로 먹을 생각은 못 했다. 한 번은 니스 출신의 프랑스 친구가 생주키니와 가지를 이용해 니스식 샐러드를 만들어줬다. 생으로 먹는 가지 맛은 낯설었지만 주키니는 생으로 먹어도 괜찮았다. 주키니는 애호박보다 수분 함량이 낮고 아삭하다. 애호박은 주키니보다 부드럽고 단맛이 강해 주키니 샐러드보다도 맛이 더 좋다.

READY 애호박 1개, 완두콩 1큰술, 노란 파프리카 약간, 텃밭 방앗잎 1줄기
피타 브레드(또는 토르티야) 2~4장, SH드레싱 2큰술, 호박꽃 1송이

COOKING
1. 애호박은 씻어서 꼭지를 자른다. 채칼을 이용해 애호박을 채로 썰어 볼에 담아둔다.
2. 완두콩은 소금을 한 꼬집 정도 넣고 저수분으로 데쳐 건진다.
3. 파프리카는 길이로 썰고, 방앗잎은 씻어서 건진다.
4. 접시에 피타 브레드를 깔고 애호박 라페와 완두콩을 올린다.
5. ③의 채소를 곁들이고 먹기 직전에 드레싱을 얹는다. 호박꽃으로 장식해 마무리한다.

(Hint)
드레싱을 미리 뿌리면 호박에서 물이 나와 식감이 떨어지니 먹기 직전에 뿌린다.

자색 양파를 곁들인
마살라 포크

양파 샐러드는 니스의 친구 집과 바닷가 레스토랑, 터키 여행에서도 자주 먹었다. 취향 따라, 냉장고에 있는 채소 따라 오이, 토마토, 옥수수 등을 더해도 된다. 나는 레몬과 파슬리를 듬뿍 얹어 먹는 것을 좋아한다. 광양 오일장에서 만난 할머니가 겨우내 집 앞 텃밭에 심어 기른 것을 들고 나온, 크기도 제각각이고 흙도 잔뜩 묻은 못난이 양파의 맛은 할머니 인심만큼이나 달다. 마살라 파우더는 여러 가지 인도 향신료를 섞어놓은 것인데, 집집마다 김치 맛과 장맛이 다르듯 마살라의 변주도 무궁무진하다. 약간만 넣어도 이국적인 풍미가 확 사는데, 카레와 원재료가 많이 겹치니 아주 낯설지만은 않다.

READY 자색 양파 2~3개, 래디시 3~4개, 돼지 안심 200g, 올리브 오일 1큰술, 마살라 파우더 2작은술, 갈릭 파우더 1작은술, 레몬 1개, 민트잎·파슬리 가루·파프리카 가루 약간씩
드레싱 홍고추 1개, 토마토 1개, 양파 1/4개, SH드레싱 1큰술

COOKING

1. 양파는 동그란 모양을 살려 얇게 썰어 찬물에 15분 정도 담갔다가 물기를 빼고, 래디시는 0.2~0.3cm 두께로 슬라이스한다.
2. 돼지 안심은 4등분해 볼에 담고 올리브 오일, 마살라 파우더, 갈릭 파우더를 뿌려 골고루 섞는다. 전날부터 재웠다가 오븐이나 팬에 앞뒤로 노릇하게 굽는다.
3. 드레싱 재료 중 고추는 반으로 갈라 씨를 뺀다. 모든 재료를 작게 깍둑썰기해 SH드레싱을 넣고 골고루 섞는다.
4. 큰 볼이나 긴 접시에 양파를 깔고 래디시를 올린 후 웨지로 자른 레몬을 곁들이고, 민트잎을 뿌린다.
5. 채소 위에 ②의 구운 돼지 안심을 얹고 파슬리 가루와 파프리카 가루를 뿌린다.
6. ③의 드레싱을 그릇에 담아 함께 낸다.

순천 아랫장 손두부 샐러드

시골 사는 즐거움이 한두 가지는 아니지만 장터에서 갓 만든 두부를 먹는 것도 그 중 하나다. 조금 의아하게 들릴 수도 있겠지만 나는 바로 만들어 김이 모락모락 나는 두부에 올리브 오일과 발사믹 식초만 살짝 뿌려 숟가락으로 떠먹는 방법을 좋아한다. 먹을 때마다 이토록 간단한 방법으로 이토록 만족스러운 음식을 만들다니 하며 감탄한다.

READY (4인분)
손두부 2모(일반 포장 두부는 4모), 백만송이버섯·노란버섯·느타리버섯 약간씩
올리브 오일 4큰술, 발사믹 식초 4작은술, 파슬리 가루·소금·통후추 약간씩

COOKING

1. 두부는 흐르는 물에 헹궈 끓는 물에 데치면 구수한 맛이 살아난다. 냉장한 포장 두부도 끓는 물에 데쳐 쓴다.
2. 버섯은 모두 밑동을 잘라 흐르는 물에 슬쩍 씻어 물기를 닦는다.
3. 데친 두부를 4조각으로 썰어 가운데를 작은 숟가락으로 1cm 정도씩 폭 떠낸다.
4. 팬을 달군 후 중간 불로 낮추고 올리브 오일을 살짝 둘러 버섯을 종류별로 각각 굽는다. 이때 뒤적이지 말고 노릇할 때까지 두어야 물기가 나오지 않는다. 한 번만 뒤집어 굽고 노릇해지면 소금을 아주 조금만 뿌린다.
5. 접시에 두부를 올리고 숟가락으로 파낸 홈에 하나는 올리브 오일과 발사믹 식초를 1큰술씩 넣고, 다른 홈에는 구운 버섯을 각각 담아 파슬리 가루를 뿌린다. 통후추를 갈아 뿌려 마무리한다.

우엉채구이 샐러드

우엉은 사철 살 수 있지만 더위가 한 풀 꺾인 후 제철 우엉의 향을 내기 시작한다. 이 시기에 식감도 가장 좋다. 물기 없이 아삭한 식감을 살려 굽는 것이 중요하다.

READY 우엉채 150g, 검은콩·보리밥·귀리밥(콩과 잡곡 종류 변경 가능) 2큰술씩
달걀 1개, 빵가루 2큰술, 파르메산 치즈 가루 1작은술, 올리브 오일 3~4큰술
SH드레싱 2큰술, 소금·구운 잣 약간씩, 호박잎 1장

COOKING

1. 통우엉은 껍질을 벗기고 10분 정도 식촛물에 담가 아린 맛과 갈변을 막는다.
2. 우엉은 채칼을 이용해 10cm 정도 길이로 채 썬다.
3. 검은콩, 보리밥, 귀리밥은 미리 만들어 식힌다.
4. 달걀은 풀어놓는다.
5. 빵가루와 파르메산 치즈 가루, 소금 한 꼬집을 골고루 섞는다.
6. 달걀물에 우엉을 담갔다가 ⑤의 빵가루에 넣고 살살 섞어 빵가루가 골고루 붙게 한다.
7. 팬을 달궜다가 중간 불로 낮추고 올리브 오일을 넉넉히 두른 다음 우엉을 살살 펴서 올린다. 노릇하게 구워질 때까지 가만히 두었다가 뒤집어 다시 노릇할 때까지 튀기듯 굽는다.
8. 볼에 ③의 잡곡밥과 드레싱을 얹고, 그 위에 구운 우엉채를 소복이 담은 후 구운 잣을 올린다. 호박잎 등 초록 잎으로 장식한다.

미나리잎 홍합꼬치

여수 새벽 시장에 가면 할머니들이 싱싱한 홍합을 앉은자리에서 까서 그릇 가득 담아놓고 판다. 싱싱한 홍합은 바로 쪄서 올리브 오일만 뿌려 먹어도 꿀맛이고, 화이트 와인과 레몬, 파슬리, 마늘을 넣고 홍합 스튜를 해 먹어도 맛있다. 안주용으로는 살짝 멋을 내서 홍합꼬치를 만든다. 꼬치용 홍합은 조금 커야 굽고 나서 꼬치에 끼우기가 좋다. 여기에 잘 어울리는 것이 미나리 샐러드. 특히 나는 미나리 줄기보다 잎을 더 좋아해서 줄기와 잎을 함께 곁들인다.

READY   홍합 700~800g(깐 것 200~300g), 미나리잎(또는 잎채소) 한 줌
빵가루 4큰술, 갈릭 파우더 1/2큰술, 올리브 오일 적당량, SH드레싱 1큰술
타임(또는 민트·바질 등)·소금·통후추 약간씩, 대나무 꼬치 2~3개

COOKING

1. 홍합은 수염과 불순물을 뜯어내고 껍데기를 잘 씻은 후 찜통에 하나씩 펼쳐서 올려 찐다. 홍합 익는 냄새가 나기 시작한 뒤로 2~3분 후에 뚜껑 열어보고 다 익었으면 올리브 오일을 살짝 뿌려 식힌다.
2. 미나리잎과 타임은 씻어 건진다.
3. 볼에 빵가루, 갈릭 파우더, 소금, 통후추 간 것을 넣어 골고루 섞는다. 여기에 홍합을 넣고 가루를 뿌려가며 살살 섞는다.
4. 팬을 달군 후 중간 불로 낮춰 올리브 오일을 넉넉히 두른 다음 ③의 홍합을 앞뒤로 튀기듯 굽는다. 구운 홍합을 꼬치에 하나씩 끼운다.
5. 접시에 미나리잎을 깔고 드레싱을 뿌린 후 홍합꼬치를 얹고 타임도 올린다.

(Hint)
홍합 찌는 물에 맥주 1/2컵을 섞어서 찌면 잡내가 가신다.

튀김처럼 바삭한
칠게구이

예전부터 남도 시골 밥상에 빠지지 않는 칠게를 좋아했다. 서로 낯이 익을 즈음 시장 어르신들께 왜 칠게냐고 여쭤보니 갯벌 진흙에 살며 온몸에 진흙을 칠갑하고 다녀 칠게, 칠칠치 못해 칠게라 부른다고 알려주신다. 칠게는 파스타에 넣어도 맛있고, 껍데기가 부드러워 통째로 씹으면 고소한 맛이 일품이다.

READY 칠게 150g(한 공기 정도 부피), 빵가루 1큰술, 갈릭 파우더 1작은술
올리브 오일 4~5큰술, 텃밭 채소(또는 방앗잎·신선초 등) 적당량
레몬즙·발사믹 식초·소금·통후추 약간씩

COOKING

1. 칠게는 30분 정도 소금물에 담가 해감한 후 물에 여러 번 헹궈 건진다.
2. 볼에 빵가루와 갈릭 파우더, 올리브 오일 2큰술, 소금, 통후추 간 것을 골고루 섞고 칠게는 물기가 있는 채로 볼에 넣어 골고루 섞는다.
3. 팬을 달궜다가 중간 불로 낮춰 올리브 오일을 2~3큰술 넉넉히 두르고 칠게를 굽는다. 자주 뒤집으면 빵가루가 떨어지고 물기도 생기므로 뒤집는 횟수를 최소화한다. 고소한 냄새가 나고 노릇하게 구워지면 불을 끈다.
4. 준비한 접시에 샐러드용 텃밭 채소를 담고 구운 칠게를 올린 다음 레몬즙을 뿌린다.
5. 텃밭 채소에 발사믹 식초를 뿌려 먹는다.

수분 가득 단맛
초당 옥수수 샐러드

어릴 때는 하모니카 불 듯 옥수수를 몇 개씩 통째로 뜯곤 했는데, 나이가 드니 이렇게 먹는 게 불편해진다. 옥수수를 편히 먹으려고 생옥수수 알을 칼로 훑어내 밥에 섞어 먹다 보니 옥수수 알을 효과적으로 분리하는 요령이 생겼다. 그래서 이젠 옥수수 날 때면 옥수수 샐러드를 자주 만든다. 여름철에 많이 나오는 초당 옥수수는 단맛이 강하고 조리 시간이 짧은 데다 식감이 아삭해 샐러드로 딱이다.

READY 옥수수 4~5개, 완두콩 1~2큰술, 다진 파슬리 1큰술
(4인분) SH드레싱 2큰술

COOKING

1. 큰 찜통이나 냄비에 물을 붓고 소금 1/2작은술을 넣어 옥수수를 찌거나 삶는다.
2. 완두콩은 씻어서 헹궈 작은 냄비에 물을 조금 붓고 소금을 살짝 넣어 데친다.
3. 옥수수가 식으면 눕혀서 한 손으로 잡고 중간 크기 칼로 조심스럽게 훑으며 알을 분리한다.
4. 샐러드 접시에 옥수수를 담고 완두콩과 다진 파슬리를 뿌린 뒤 드레싱을 둘러 마무리한다.

(Hint)
옥수수 알을 톱니형 과도로 훑으면 작업이 수월하다. 제철에 생옥수수 알만 발라 냉동해둔 다음 밥에도 넣어 먹고, 삶아서 샐러드에도 쓴다.

허브 향 가득한 고등어 파시

우리 밥상에서 너무나 친근한 생선, 고등어는 지중해 인근 나라에서도 많이 먹는다. 특히 고등어에 고소한 기름이 오르고 날이 선선해질 즈음 토마토, 파프리카, 주키니 등과 함께 구워 먹으면 별미다. 파슬리를 잔뜩 넣고 구워 고등어에서 파슬리 향이 올라오면 기분까지 좋아진다. 여기에서는 팬에 굽는 방법을 소개했지만, 오븐에 구워도 된다.

READY 고등어(중간 크기) 2마리, 병아리콩 4큰술, 미나리 줄기 5~6개, 타임·고수·민트 약간씩, 레몬 1개, 마늘 2쪽, 올리브 오일 2큰술, 머스터드 시드 1작은술 자색 양파 1/4개, 다진 파슬리 1/2큰술, SH드레싱 1큰술, 딜 가루·소금 약간씩

COOKING

1. 병아리콩은 하룻밤 물에 담가두었다가 소금 1/2작은술을 넣고 중간 불에서 30~40분 삶아 건진다.
2. 고등어는 잘 손질해 머리를 잘라내고 칼집을 넣은 뒤 뼈를 한 손으로 누르면서 살살 뜯어내고 잔 가시들도 제거한다. 살이 물러서 제거하기 쉽다. 소금을 아주 약간 뿌리고 올리브 오일도 살짝 뿌려둔다.
3. 미나리 줄기는 슬쩍 데쳐놓는다.
4. 타임, 고수, 민트는 잘게 다지고, 레몬 1/2개와 마늘은 슬라이스한다.
5. 고등어 속에 다진 허브들을 눌러가며 채워 넣고 ④에서 남긴 레몬 1/2개를 즙을 짜 뿌린 다음 데친 미나리 줄기로 감아 묶는다. 미나리가 없으면 면실로 묶는다.
6. 팬을 달군 후 중간 불로 낮춰 올리브 오일 2큰술을 두르고 슬라이스한 레몬과 마늘을 노릇하게 굽는다.
7. ⑥의 팬에 ⑤의 고등어를 올려 노릇하게 구워지면 뒤집어서 양면 모두 바삭하게 굽는다.
8. 접시에 고등어를 담고 구운 레몬과 마늘을 올린 다음 올리브 오일을 살짝 두른다. 머스터드 시드를 올리고 딜 가루를 뿌린다.
9. 자색 양파를 얇게 썰어서 다진 파슬리와 드레싱을 넣어 골고루 섞은 다음 ①의 삶은 병아리콩을 섞어 볼에 따로 담아낸다.

Hint
생물 고등어가 없으면 자반고등어를 사서 쌀뜨물에 1시간 정도 담가 짠맛을 빼고 요리한다.

구우면 더 달다
파프리카 샐러드

5월 초 구례장에 가니 탐스러운 색색의 파프리카가 가득 쌓여 있었다. 제철이라는 뜻이다. 오일장에 가면 계절의 변화를 생생하게 느낄 수 있다. 프랑스 가정에서는 접시 하나 가득히 파프리카만 구워 샐러드로 먹곤 한다. 재료의 단출함이 믿어지지 않을 정도로 맛은 화려하다. 제철에 실한 파프리카를 양껏 사서 구워 먹어보기를.

READY 파프리카 2개, 리코타 치즈 2큰술, 올리브 오일 2큰술, 발사믹 식초 1/2큰술 구운 호박씨 약간

COOKING

1. 파프리카는 깨끗이 씻어 물기를 닦고, 꼭지 주위를 칼끝으로 살짝 찌른 뒤 손으로 꼭지를 눌러 쏙 뺀다.
2. 파프리카를 길이로 2등분 또는 4등분하고 심지와 씨를 제거한다.
3. 달군 팬을 중간 불로 낮추고 올리브 오일을 넉넉히 넣은 후 파프리카의 단면을 아래로 하여 굽는다.
4. 파프리카 구워지는 냄새가 나고 노릇해지면 뒤집어 굽는다.
5. 접시에 담고 발사믹 식초를 먼저 뿌린 다음 리코타 치즈를 올리고 구운 호박씨로 장식한다.

(Hint)
파프리카는 단면부터 올려 구워야 수분이 생기지 않는다.

여수 서대구이를 곁들인 흑미 리소토

여수 사람들이 외지인에게 꼭 맛보라고 권하는 음식이 서대회다. 서대는 가자밋과의 납작한 생선인데 가자미보다 폭이 좁고 길며 살이 부드럽고 담백하다. 여수에 와서 살아보니 바닷가에서 자란 나도 처음 보는 해산물이 즐비해 어시장에 가면 지루할 틈이 없다.

READY 흑미 1컵, 서대 1마리, 단호박 1/2개, 빵가루(또는 녹말이나 밀가루) 2큰술
블루치즈 1큰술, 산초잎(또는 딜·타임) 1줄기, 올리브 오일 2~3큰술
소금 1/4작은술, 파슬리 가루 약간, SH드레싱 2큰술

COOKING

1. 흑미는 30분간 불려 올리브 오일 1작은술과 소금 1/4작은술을 넣고 고슬고슬하게 밥을 짓는다. 밥이 뜨거울 때 작은 볼에 눌러 담아 모양을 잡는다.
2. 서대는 내장과 비늘, 머리를 제거하고 깨끗이 씻은 후 세 장 뜨기해 필레로 만든다.
3. 단호박은 껍질을 깨끗이 씻고 반으로 가른다.
4. 팬을 달군 후 중간 불로 낮춰 올리브 오일을 1큰술 두르고 단호박을 앞뒤로 노릇하게 굽는다.
5. 물기가 남은 서대에 빵가루를 골고루 묻힌 뒤 팬에 올리브 오일을 넉넉히 두르고 앞뒤로 바싹 굽는다.
6. 접시 중앙에 ①의 볼을 엎어 흑미밥을 동산처럼 담고 구운 단호박과 서대구이를 곁들인다.
7. 블루치즈를 잘라 흑미밥 위에 올리고 산초잎으로 장식한 후 파슬리 가루를 뿌린다.
8. 드레싱은 따로 담아 조금씩 올려 먹는다.

블루치즈와 콩을 곁들인
하동 텃밭 아스파라거스

우리의 섣달그믐 세시풍속처럼 프랑스에도 12월 31일에는 잠을 자지 않고 밤을 새우는 전통이 있다. 유학 시절 친구네 집 연말 파티에 초대받아 가니 친구 어머니와 그 지인들이 떡 벌어지게 음식을 준비해놓으셨다. 그중 가장 기억에 남는 것이 아스파라거스를 통으로 이용한 샐러드다. 하동 텃밭에서 키운 아스파라거스를 구례 오일장에 한 묶음, 두 묶음 들고 나와 노점에서 파는 어르신을 만나니 그때의 친구 어머니가 생각났다.

READY   아스파라거스 4~5개, 완두콩·병아리콩·흰 강낭콩 1큰술씩(익힌 부피 기준)
블루치즈 2큰술, 소금·올리브 오일·발사믹 식초 약간씩

COOKING

1. 마른 병아리 콩과 흰 강낭콩은 하룻밤 물에 불렸다가 약간의 소금을 넣고 삶아 찬물에 헹궈 건진다.
2. 완두콩은 소금 약간을 넣고 저수분으로 4~5분 삶아 건진다.
3. 아스파라거스는 씻어서 질긴 밑동을 잘라내고 손가락 크기로 어슷하게 썬다.
4. 팬을 달군 후 중간 불로 낮춰 약간의 올리브 오일을 두르고 아스파라거스를 뒤집어가며 노릇하게 굽는다. 이때 뒤적이거나 구운 후 팬에 그대로 두면 물기가 생기므로 구워서 바로 꺼내 소금을 살짝 뿌린다.
5. 오목한 그릇에 삶은 콩을 담고 구운 아스파라거스를 올린다.
6. 블루치즈를 납작하게 잘라서 올리고, 발사믹 식초를 살짝 뿌린다.

(Hint)
콩과 아스파라거스에 간이 되어 있고 블루치즈도 짠맛이 강하므로 발사믹 식초 정도만 뿌린다.

동네 텃밭에서 딴
조선호박 순두부 샐러드

5월이 막바지에 이르고 여름이 다가오면 공처럼 동그란 조선호박이 장에 나온다. 장에까지 가지 않아도 이웃의 텃밭에도 둥근 조선호박이 열린 게 눈에 보인다. 이 호박을 쪄서 식힌 후 차가운 순두부를 곁들이고 콩물을 더하면 시원하고 고소하며 영양까지 좋다. 마지막에 호박을 4~6등분해 발사믹 식초를 뿌리면 남김없이 먹을 수가 있다.

READY   조선호박(작은 것) 2개, 볶은 소금 1/2작은술, 순두부(또는 으깬 두부) 4큰술(호박 크기에 따라 양 조절), 들깨 약간, 콩물 적당량, 발사믹 식초 1큰술

COOKING

1. 둥근 호박의 꼭지 부분을 2~3cm 잘라내고 속을 적당히 파낸 후 볶은 소금을 뿌려 찜통이나 저수분 조리 방식으로 4~5분 익힌다. 접시에 세울 수 있도록 아래쪽 껍질을 살짝만 자른다. 바닥에 구멍이 나지 않도록 주의한다.
2. 순두부는 시원하게 냉장해둔다. 순두부가 없으면 일반 두부를 살짝 데쳐 으깨서 식힌다.
3. 들깨는 슬쩍 볶는다. 들깨가 없으면 통깨나 검은깨를 이용한다.
4. 호박이 식으면 순두부를 조심스럽게 담고 볶은 들깨를 뿌린다. 콩물을 같이 넣으면 더욱 고소하다.
5. 숟가락으로 두부를 다 떠먹은 후 나이프로 호박을 잘라 발사믹 식초를 뿌려 마저 먹는다.

구수하고 든든한
햇강낭콩 샐러드

워낙 콩을 좋아하는데 퍽퍽하면서 구수한 밤고구마 맛이 나는 강낭콩을 특히 좋아한다. 그래서 제철일 때 강낭콩이 주인공인 음식을 만들어 질리도록 먹는다. 같은 시기 장에 나온 여러 가지 햇콩으로 모둠 콩 샐러드를 만들어 변화를 주거나 집에 있는 푸른 잎 채소를 곁들이기도 한다. 소시지나 달걀 프라이를 올려 먹으면 한 끼 식사로도 손색없다.

READY 강낭콩 150g, 미니 당근 4~5개(또는 집에 있는 어떤 채소든 비슷한 양으로 준비)
달걀 2개, 소금 1/2작은술, SH드레싱 2큰술, 올리브 오일·파슬리 가루 약간씩

COOKING
1. 깐 강낭콩을 물에 헹궈 건진다.
2. 미니 당근은 씻어 건지고, 큰 당근이라면 씻어서 1/2개만 손가락 크기로 자른다.
3. 냄비에 콩을 담고 콩이 완전히 잠길 만큼의 물과 소금 1/2작은술 정도를 넣어 끓인다. 끓기 시작하면 중간 불보다 약간 약하게 줄여 20~25분 삶는다.
4. 푹 삶아지면 5분 정도 뜸을 들였다가 건진다.
5. 팬을 달군 후 중간 불로 낮춰 올리브 오일을 살짝 두르고 당근을 굽는다.
6. 당근이 노릇해지면 뒤집어서 팬 가장자리로 밀고, 가운데에 오일을 살짝 둘러 달걀 프라이를 한다.
7. 접시에 삶은 콩을 담고 달걀을 가운데에 올리고, 구운 당근을 곁들인다.
8. 드레싱을 두르고 파슬리 가루를 뿌린다.

여러 가지 콩을 곁들인
당근구이 샐러드

집에 콩 스무 가지를 구비해 두고 두루두루 쓴다. 콩은 크기와 성분에 따라 삶는 시간이 제각각 달라 하나씩 따로 삶는 것이 가장 맛있지만, 색이나 크기가 비슷한 것은 같이 삶으면 일을 덜 수 있다. 삶을 때 소금을 넣으면 콩의 색은 선명해지고 풋내가 덜하다.

READY 당근(중간 크기) 1개, 병아리콩·렌틸·흰콩·검은콩·완두콩·강낭콩 1큰술씩
올리브 오일·페타 치즈 1큰술씩, SH드레싱 2큰술, 파슬리 가루 약간

COOKING

1. 병아리콩, 렌틸, 흰콩, 검은콩은 전날부터 불렸다가 삶으면 좋다. 병아리콩과 렌틸, 흰콩은 검은콩과 따로 삶는다. 중간 불에 물을 넉넉히 넣고 삶다가 콩 냄새가 나면 불을 아주 작게 줄이고, 소금 1/2작은술을 넣어 뜸 들이듯 10분 더 삶는다.
2. 강낭콩과 완두콩을 삶는다. 씻은 후 끓는 물에 강낭콩을 먼저 넣고 삶아 콩 냄새가 나기 시작하면 완두콩을 넣는다. 소금을 1/2작은술 넣고 4~5분 삶은 후 함께 건져 찬물에 헹궈 체에 밭친다.
3. 당근은 밑동을 잘라내고 껍질째 깨끗이 씻은 후 세로 방향으로 2~3등분해 손가락 크기 정도로 자른다.
4. 팬을 달군 후 중간 불로 낮춰 올리브 오일을 두르고 당근을 노릇하게 굽는다.
5. 접시에 삶은 콩과 구운 당근을 올린 후 페타 치즈를 예쁘게 담고 파슬리 가루를 뿌려 낸다.

프랑스 남부에서는 허브와 채소를 듬뿍 넣은 오믈렛을 차게 식혀 먹는다. 채소는 기호에 따라, 집에 있는 재료에 따라 두루두루 쓰면 된다. 얇게 여러 층을 만들기도 하고, 두툼하게 굽기도 한다. 각 단의 컬러도 만드는 사람 마음이다. 니스에 사는 프랑스 친구가 집에 놀러 와서 만들어주어 처음 먹어봤는데, 여수도 바닷가라 그런지 이번 여름, 이 오믈렛이 자꾸 생각났다. 쿠킹 클래스에서도 여름에 자주 알려주던 레시피다. 만들 땐 조금 번거롭지만, 보기도 좋고 한 번 만들면 푸짐해 뿌듯하다. 날씨가 더울 때는 해 진 뒤에 만들어 밤새 식히고 나서 다음 날 차게 먹으면 무더운 시간에 불 앞에 서는 것을 피할 수 있다.

자투리 채소로 니스풍 3단 오믈렛

READY
(4인분)

검은색 1단 달걀 3개, 블랙 올리브·표고버섯·양파 적당량, 허브 가루(바질 가루나 타임 가루 등)·파르메산 치즈 가루·소금·통후추 약간씩
녹색 2단 달걀 3개, 애호박·근대잎(또는 시금치)·노란 파프리카·바질 페스토 적당량, 소금·통후추 약간씩
붉은색 3단 달걀 3개, 빨간 파프리카·당근·토마토 적당량, 파프리카 가루·허브 가루(바질 가루나 타임 가루 등)·파르메산 치즈 가루·소금·통후추 약간씩
올리브 오일 적당량, 양파꽃 1송이, 분리형 원형 케이크 틀(지름 6~17cm)

COOKING

1. 블랙 올리브는 작게 자르고, 그외 모든 채소는 씻어서 물기를 빼둔다.
2. 붉은색 3단, 녹색 2단, 검은색 1단 순으로 굽는다. 먼저 3단에 들어갈 붉은 채소를 잘게 썰어 팬에 넣고 수분이 날아가게 살짝 볶아 식힌다. 달걀을 풀어 볶은 채소와 파프리카 가루, 허브 가루, 파르메산 치즈 가루, 소금, 통후추 간 것을 넣어 섞는다.
3. 팬을 달군 후 중간 불로 낮추고 올리브 오일을 두른 다음 ②를 살살 부어 나무 주걱으로 구멍을 내듯 밀어가며 굽는다.
4. 달걀의 윗부분이 아주 살짝 덜 익었을 때 꺼내 케이크 틀에 담는다.
5. 2단의 채소도 모두 잘게 썰어 먼저 볶아 식힌다. 달걀을 풀어 볶은 채소, 바질 페스토, 소금, 통후추 간 것을 넣고 섞어 팬에 굽는다. 윗부분이 살짝 덜 익은 듯할 때 꺼내어 케이크 틀의 3단 위에 얹는다.
6. 1단의 표고와 양파도 잘게 잘라 달군 팬에 살짝 볶는다. 달걀을 풀어 볶은 채소와 허브 가루, 파르메산 치즈 가루, 소금, 통후추 간 것을 섞어 팬에 굽는다.
7. 거의 익어갈 때 약한 불로 낮추고 블랙 올리브를 위에 뿌려 나무 주걱으로 살살 누른다. 뒤집어 노릇하게 구운 뒤 케이크 틀의 2단 위에 얹는다.
8. 1단 위에 틀보다 조금 작은 접시를 엎어 눌러 하룻밤 냉장고에서 식힌다.
9. 누름 접시를 제거하고 케이크 틀에서 분리해 접시에 담은 후 케이크처럼 자른다. 양파꽃으로 장식한다.

(Hint)
달걀물에 섞는 재료는 달걀 3개 기준 2큰술 정도면 적당하다.

구례 오일장의
오렌지색 단호박 파시

백화점에서 볼 수 있는 서양 채소를 시골 할머니들이 텃밭에 키워 장에 들고 나올 때가 있다. 다양한 크기와 색상의 파프리카, 래디시, 아스파라거스, 미니 당근…. 어느 봄날 구례 오일장에서 오렌지색 단호박을 만났다. 오렌지색 단호박은 껍질이 얇아 자르기가 편하고, 식감도 좋고 맛도 달다.

READY 단호박 2개, 잡곡·퀴노아·콩 2큰술씩, 비네그레트 드레싱 2큰술
(4인분) 그릭 요구르트 4큰술, 올리브 오일·다진 파슬리·소금·통후추 약간씩

COOKING

1. 잡곡과 퀴노아, 콩은 소금을 약간씩 넣고 각각 삶아 식힌다. 취향에 따라 허브를 섞어 삶아도 좋다.
2. 단호박은 반으로 잘라 씨를 빼고 속을 적당히 파낸다.
3. 단호박을 냄비에 살짝 찐다. 팬을 달군 후 중간 불로 낮추고 약간의 올리브 오일과 함께 단호박의 자른 단면만 굽는다.
4. 삶은 잡곡과 퀴노아, 콩을 볼에 담고 비네그레트 드레싱과 함께 골고루 섞은 후 소금으로 간을 맞춘다.
5. 널찍한 접시를 준비해 단호박에 ④를 담아 올린다. 혹시 단호박이 기우뚱하면 아래쪽 껍질을 다듬어 수평을 맞춘다.
6. 그릭 요구르트를 1큰술씩 얹은 후 다진 파슬리를 뿌리고 통후추를 갈아 올린다.

Hint
단호박을 오븐에 구워도 된다. 오븐을 200℃로 예열한 후 170℃로 낮추고 단호박 가운데에 올리브 오일을 1/2술씩 뿌린 뒤 숟가락으로 펴 발라 20~25분 굽는다.

쨍쨍 여름의 맛

Salad

PART 4

리코타를 넣은 호박꽃구이

유럽에서는 꽃 안에 치즈 소를 채워 튀겨 먹는데 나는 빵가루를 발라 튀기듯 구워서 이 요리를 완성한다. 도시에서는 호박꽃을 구하기가 쉽지 않았는데, 최근에는 농부와 직거래하는 시장에서 종종 볼 수가 있다. 돌산에서는 이웃 텃밭 주인들에게 얻곤 한다. 주변에 텃밭 농사를 짓는 분이 있거나, 시골을 여행하다 기회가 닿는다면 몇 개 구해서 해볼 만한 별미다.

READY 호박꽃(또는 주키니꽃) 2~4송이, 리코타 치즈 2큰술, 빵가루 2큰술
파르메산 치즈 가루 1/2큰술, 소금 한 꼬집, 달걀 1~2개(호박꽃 크기에 따라 조절)
올리브 오일 2~3큰술, 통후추·파슬리 가루 약간씩

COOKING

1. 호박꽃은 살짝 씻어 물기를 뺀다.
2. 빵가루, 파르메산 치즈 가루, 소금을 골고루 섞는다. 달걀은 푼다.
3. 팬을 달군 후 중간 불로 낮추고 올리브 오일을 넉넉히 두른다. 호박꽃 줄기를 잡고 달걀과 빵가루를 한 바퀴 굴리듯 묻혀 팬에 하나씩 굽는다.
4. 빵가루가 일정한 색이 되도록 앞뒤로 바싹 구워 접시에 올리고 꽃 속에 리코타 치즈를 작은 숟가락으로 살짝 떠 넣는다.
5. 통후추를 갈아 뿌리고, 파슬리 가루를 올린다.

민어구이와
모둠 콩 샐러드

먹을 것이 풍족한 남도에는 보양식의 종류도 많지만 그중에서도 민어를 빼놓을 수 없다. 민어는 특히 서울 양반들이 최고의 보양식으로 여겼다고 한다. 여름철 원기를 회복하는 데도 도움을 주지만 무엇보다 기름기 없는 담백한 맛 덕분에 그리 사랑받지 않았을까 싶다. 오븐에 구우면 기름도 적게 쓸 수 있고 맛도 훨씬 담백하다.

READY   민어(중간 크기) 1마리, 렌틸·그린빈·완두콩 1큰술씩, 아보카도 1개
올리브 오일 약간, SH드레싱 1큰술, 레몬즙 2작은술, 소금·통후추 약간씩

COOKING

1. 렌틸은 씻어서 30분 정도 불려놓았다가 소금 한 꼬집을 넣고 10분간 삶는다.
2. 그린빈과 완두콩은 소금 1/4작은술을 넣고 5분 정도 저수분으로 데친다.
3. 민어는 내장과 비늘을 깨끗이 제거하고 헹궈 물기를 닦는다.
4. 아보카도는 껍질을 벗겨 손톱 크기로 깍둑썰기한다.
5. 민어에 앞뒤로 올리브 오일을 바른 다음 오븐 트레이에 종이 포일을 깔고 민어를 올린다. 오븐을 200℃로 예열한 후 170℃에서 25~30분 정도 민어를 굽는다.
6. 큰 접시에 민어를 담고 옆에 삶은 콩과 아보카도를 담는다. 통후추를 갈아 뿌리고, 드레싱과 레몬즙으로 마무리한다.

(Hint)

오븐이 없으면 팬에 구워도 된다. 팬에 오일을 넉넉히 두르고 중간 불로 굽다가
익는 냄새가 나면 뚜껑을 반 정도 걸쳐 덮어 잠깐 더 구운 후 노릇해지면
뒤집어서 굽는다.

견과류를 곁들인
토마토 라이스 샐러드

많은 한국인이 프랑스에서 쌀 요리를 보고 당황하곤 한다. 우리식의 따끈한 쌀밥을 기대하며 식당에서 '쌀 요리'를 시키면, 대개 밥으로 만든 샐러드가 나오기 때문이다. 프랑스 가정의 바비큐 파티에는 라이스 샐러드가 빠지지 않는다. 나는 볶은 토마토의 부드러운 맛이 좋아 토마토를 볶아서 밥에 섞는데, 취향에 따라 잘 익은 생토마토를 썰어 넣어도 된다.

READY 쌀 1 1/2컵, 토마토 1개, 양파 1/2개, 고추 2개, 바질 가루 1/4작은술
물 1 1/2컵, 올리브 오일 1작은술, 텃밭 호박잎 1장, SH드레싱 2큰술
호박씨·캐슈너트·소금·통후추 약간씩

COOKING

1. 쌀은 씻어서 30분 정도 불린다.
2. 토마토와 양파는 잘게 다지고, 고추는 씻어놓는다.
3. 달군 팬에 기름 없이 호박씨와 캐슈너트를 구워내고, 고추도 앞뒤로 굽는다.
4. 올리브 오일을 약간 두른 후 토마토, 양파, 바질 가루, 소금을 약간 넣어 중간 불에서 볶는다.
5. 냄비에 쌀을 넣고 물 1 1/2컵과 올리브 오일 1작은술, 소금 1/2작은술, 구운 캐슈너트를 넣어 끓인다. 끓기 시작하면 가장 약한 불에서 30분간 그대로 둔다.
6. ⑤에 ④의 볶은 토마토와 양파, 구운 호박씨를 넣고 골고루 섞은 뒤 뚜껑을 닫아 10분 정도 뜸을 들인다.
7. 접시에 호박잎을 넓게 펴고, 밥을 작은 공기에 꾹꾹 담아 엎어서 모양 잡아 담는다. 통후추를 갈아 뿌리고, 구운 고추를 올린다.
8. SH드레싱을 곁들여 먹는다.

갯장어 소금구이와
쑥갓 샐러드

농수산물이 모두 풍부한 여수지만 늦봄에서 여름 사이 가장 손꼽히는 것은 일본어 '하모'라고도 많이 불리는 갯장어다. 진정한 여수의 맛, 갯장어는 일반 장어보다 가시가 많아 손질에 기술이 필요하다. 새벽녘 집에서 10분 거리에 있는 교동 시장에 가면 아주머니들이 싱싱한 장어를 그 자리에서 손질해 판다. 여수에서는 회나 샤부샤부, 탕으로 많이 먹지만 나는 소금구이를 더 좋아한다. 더운 여름철에는 가스불을 켜지 않고 오븐에 구워 겉절이나 샐러드와 함께 먹는다.

READY 갯장어 2~3마리, 쑥갓·고수 한 줌씩, 올리브 오일 3~4큰술
그린 올리브 5~6개, 라임 1개, SH드레싱(또는 발사믹 식초) 적당량
소금·머스터드 시드·통후추 약간씩

COOKING

1. 손질된 장어를 핏물이 빠지도록 씻는다.
2. 쑥갓과 고수는 씻어서 물기를 뺀다.
3. 씻은 장어는 종이 타월로 물기를 완전히 제거한 후 올리브 오일을 바르고 소금을 살짝 뿌린다.
4. 200℃로 예열한 오븐을 170℃로 낮춘 후 트레이에 종이 포일을 깔고 장어를 올려 굽는다. 장어 익는 냄새가 나기 시작하면 4~5분 정도 더 두어 장어가 노릇해지도록 굽는다.
5. 오븐이 없으면 팬에서 중간 불로 굽는다.
6. 구운 장어를 가위를 이용해 한 입 크기로 잘라 접시에 담고 준비한 쑥갓을 소담하게 곁들인다.
7. 올리브와 고수를 얹고, 라임의 즙을 짜서 뿌린다. 먹기 직전에 드레싱과 머스터드 시드를 뿌린 후 통후추를 갈아 올린다.

횟감으로
돌돔 카르파초

우리 가족은 회를 좋아한다. 특히 아들은 돌돔, 줄돔, 황돔을 좋아해서 제철이면 회를 사서 집으로 와 샐러드를 곁들여 먹곤 한다. 회에 향 좋은 올리브 오일과 레몬을 듬뿍 뿌리고 케이퍼, 프레시 딜과 함께 제철 잎채소를 곁들이는 게 우리 집 방식이다. 회에 올리브 오일을 뿌리면 비린내나 잡내가 나지 않는다. 양이 많지 않더라도 커다란 접시에 담아내면 차린듯 보인다. 여수에 있으니 싱싱한 생선을 구하기가 쉬워 이제는 직접 필레를 뜨는 재미까지 생겼다.

READY 돌돔회 1마리분, 엑스트라 버진 올리브 오일 1큰술
방앗잎·민트잎·더덕 어린잎 약간씩, 케이퍼 1작은술, 딜 1줄기, 레몬 1개

COOKING

1. 곁들이 잎채소는 모두 손질해 씻어서 물기를 빼둔다.
2. 먹기 직전에 접시에 생선회를 담고 올리브 오일을 뿌린다.
3. 다양한 잎채소와 케이퍼, 딜을 접시에 곁들여 담는다.
4. 레몬은 씻어서 가로로 반 잘라 1/2개는 즙을 꾹 짜내 회에 뿌리고 1/2개는 접시에 올린다.

빌라 올리바의 여름 인기 메뉴
매콤한 전복 냉파스타

청담동에서 '빌라 올리바'라는 가정식 레스토랑을 운영한 적이 있다. 당시 손님들에게 파스타가 맛있다는 인사를 많이 들었다. 겨울에는 홍합, 새우, 청경채 등을 넣은 매콤한 파스타가, 여름에는 전복을 주재료로 한 냉파스타가 양대 인기 메뉴였다. 여름이 되면 그때 생각이 종종 나서 삼계탕을 끓일 때 가슴살을 발라 건져두었다가 차가운 파스타를 한두 번 만들어 먹는다. 남도에 흔한 방앗잎을 듬뿍 넣으니 별미 중의 별미다. 손쉽게 구하는 재료는 아니지만 청각, 함초 등을 올려도 맛이 특별하고, 애호박을 필러로 길게 잘라 올려도 아삭하니 식감이 좋다.

READY 파스타 면 160g, 엑스트라 버진 올리브 오일 1큰술, 전복 2개, 닭가슴살 2쪽 방앗잎(깻잎·고추잎 등 푸른 잎채소 취향 따라 선택) 한 줌, 소금·통후추 약간씩
그린 소스 풋고추 4개(매운 것을 좋아하면 청양고추로 대체하며 깻잎을 섞어도 좋다), 생크림 1컵, 우유 1/2컵, 소금·통후추 약간씩, 얼음 적당량

COOKING

1. 파스타 면은 소금 1작은술을 넣고 6~7분 정도 삶는다. 건져낸 파스타 면에 올리브 오일을 고루 발라둔다.
2. 전복은 깨끗이 손질해 윗부분에 격자 모양의 칼집을 낸다. 닭가슴살은 씻어 물기를 닦고 소금, 통후추 간 것을 살짝 뿌린다.
3. 전복과 닭가슴살을 찜통에 찐 다음 꺼내어 식힌다.
4. 방앗잎은 씻어 건져놓는다.
5. 생크림과 우유를 섞어서 한소끔 끓여 식힌다.
6. 고추는 반으로 갈라 씨를 뺀 뒤 잘게 썰어 블렌더에 곱게 간다.
7. ⑥에 생크림과 우유를 넣고 갈아 볼에 담고 소금, 통후추 간 것으로 간해 그린 소스를 만든다.
8. 그릇에 파스타를 말아 담고 전복, 닭가슴살, 방앗잎을 올린 다음 얼음을 얹고 그린 소스를 가장자리에 둥그렇게 뿌린다.

왕소라 콘킬리에 샐러드

파스타로 분류되지만 식사보다는 애피타이저로 좋은 메뉴다. 콘킬리에는 토마토, 시금치, 단호박 등 색색의 재료를 반죽에 넣어 일단 눈이 즐겁다. 여름날 손님 대접할 때 와인과 곁들이기 좋다.

READY
(4인분)

콘킬리에 200g, 데친 새우(작은 것) 8~10마리, 당근·오이·아보카도·라임 1/2개씩, 다진 파슬리 1큰술, 마요네즈 적당량, 올리브 오일·파슬리 가루 약간씩

COOKING

1. 파스타는 끓는 물에 소금을 약간 넣고 포장에 적힌 시간대로 삶아 건진다. 올리브 오일을 고루 뿌려 섞어둔다.
2. 당근은 껍질을 벗겨 채칼로 썰고, 오이와 아보카도는 손톱 크기로 깍둑썰기한다.
3. 라임은 얇게 썰어 피자 조각처럼 8등분한다.
4. 볼에 새우, 당근, 오이, 아보카도, 라임 조각, 다진 파슬리를 담고 마요네즈를 넣어 살살 섞는다.
5. ④로 콘킬리에의 속을 채워 큰 접시에 올리고 파슬리 가루를 뿌린다.

통영 앞바다가 식탁에
비단가리비구이

가리비, 큰 홍합, 모시조개 등은 간단히 오븐에 구우면 맛 좋은 안주가 되기도 하고 근사한 애피타이저가 되기도 한다. 이중 최고를 꼽으라면 역시 가리비. 가격은 비싸지만 달착지근하면서 쫀득한 맛이 훌륭하다. 신선한 통영 비단가리비를 구워 로제나 화이트 와인과 먹으면 어울림이 좋다. 신선한 가리비는 오븐에 굽거나 찜통에 찌거나 다 맛있으므로 어떤 방법으로 조리해도 실패하지 않을 것이다.

READY (4인분) 비단가리비 10~12개, 레몬(또는 라임) 1개, 바질 페스토 1큰술
잣·고수잎 약간씩, 올리브 오일 1큰술

COOKING

1. 가리비 껍데기의 이물질을 깨끗이 씻어낸다. 소금물에 담가 그릇의 뚜껑을 닫고 냉장고에서 4~5시간 해감한 뒤 잘 헹궈 건진다.
2. 레몬은 소금이나 베이킹 소다로 깨끗이 씻는다.
3. 잣은 팬에 기름 없이 살짝 굽는다.
4. 가리비의 껍데기를 벌려서 위 껍데기를 떼낸 뒤 오븐용 트레이에 종이 포일을 깔고 올린 다음 순가락을 이용해 올리브 오일을 조금씩 얹는다. 200℃로 예열한 오븐을 170℃로 낮춰 가리비를 넣고 10분 정도 굽는다.
5. 레몬이나 라임은 얇게 썰어 피자 조각 내듯 8조각으로 자른다.
6. 접시에 가리비를 올리고 작은 순가락으로 바질 페스토를 조금씩 올린 다음 라임 조각을 올리고 고수잎을 곁들인다.

(Hint)
가리비를 찔 경우에는 껍데기를 떼지 않고 찜통에 층층이 쌓아 10분 정도 찐 후 껍데기를 떼어낸다.

프랑스의 감자전, 감자 갈레트

일반적으로 갈레트(gallete)라고 하면 브르타뉴 지역 특산물인 동그란 버터 쿠키를 말한다. 하지만 넓은 의미의 갈레트는 크고 둥그런 모양으로 빚은 음식을 부르는 이름이다. 감자 갈레트는 우리 감자전이랑 비슷한데, 치즈와 유제품이 들어가 감자만 먹을 때보다 든든하고 열량도 높다. 뜨거울 때 먹어도 좋고 의외로 식어도 맛이 있다. 커다란 냄비에 감자를 넉넉히 삶아두고 여러 번에 나누어 만들어 먹으면 편리하다. 프랑스에서도 남쪽보다는 추운 북부, 알프스 산악 지대에서 맥주와 함께 즐기는 음식이며, 독일이나 스위스의 산악 지대에도 다른 이름의 비슷한 요리가 있다.

READY
(4인분)

감자(중간 크기) 6개, 강황 가루·소금 1/2작은술씩, 다진 양파 1/2개(또는 양파 파우더 1큰술), 사워크림(또는 그릭 요구르트)·파르메산 치즈 가루 1큰술씩 갈릭 파우더 1작은술, 달걀 1개, 다진 파슬리 1큰술, 소금·통후추 약간씩 올리브 오일 적당량, 프라이팬 2개

COOKING

1. 감자를 깎아 4등분해 냄비에 넣고 감자가 잠길 정도로 물을 붓는다. 강황 가루와 소금을 물에 잘 풀어 센 불로 올린 다음 물이 끓기 시작하면 약한 불로 낮춰 20~25분 정도 삶는다. 뜨거울 때 감자를 골고루 으깬다.
2. 달군 팬에 올리브 오일을 두르고 양파를 볶아 ①의 으깬 감자에 넣는다. 이어서 사워크림, 파르메산 치즈 가루 1큰술과 갈릭 파우더를 넣어 골고루 섞는다. 간을 보아 모자라는 간을 맞추고, 달걀과 다진 파슬리, 통후추 간 것을 넣어 섞는다.
3. 팬을 달군 후 중간 불로 낮추고 올리브 오일을 넉넉히 두른 뒤 ②의 감자 반죽을 큰 숟가락으로 떠 살살 펴며 동그랗게 모양을 잡는다. 노릇한 냄새가 나면 다른 팬을 뚜껑처럼 덮어 뒤집는다.
4. 반죽이 노릇하게 구워지면 파르메산 치즈를 바로 갈아 뿌려 팬째로 낸다.

(Hint)
밀가루 없이 감자로만 만들어 모양이 흐트러지기 쉬우므로 팬 2개를 이용한다. 뚜껑으로 덮어 뒤집는 팬은 달궈지지 않은 것을 써야 안전하다.

케이크처럼, 추억의 감자사라다

어린 시절 '사라다빵'과 '고로케'는 최고의 간식이었다. 형제가 많은 우리에게 엄마는 '감자사라다'를 자주 해주셨는데, 항상 오이를 절였다가 꼭 짜서 넣으셨다. 나도 처음에는 엄마 방식 그대로 오이를 절여 넣었지만, 오이를 넣으면 냉장 보관할 때 물기가 생겨 식감이 그리 좋지가 않았다. 한 번은 오이를 사는 게 번거로워 생략하고, 달걀과 감자만 넣어 만들어보니 아주 간단하지만 여전히 맛은 좋았다. 엄마 방식의 식초, 설탕 대신 디종 머스터드나 홀스 래디시를 넣으니 손쉽지만 요즘 입맛에 더 맞는 듯하다. 강황 가루는 색을 내기 위한 것이라 생략해도 된다. 강황 가루를 1/2작은술 정도 넣으면 강황 향이나 맛은 느껴지지 않고 색은 고와진다.

READY 감자(중간 크기) 5~6개, 강황 가루·소금 1/2작은술씩, 달걀 5개, 마요네즈 5큰술
홀스 래디시·디종 머스터드 1큰술씩(취향에 따라 조절), 우유 식빵 4조각
텃밭 배추 꽃 1송이, 식빵 4장, 분리형 원형 케이크 틀(12~15cm)

COOKING

1. 감자는 껍질을 깎아 4등분한다. 냄비에 물과 강황 가루, 소금을 넣고 잘 저은 후 감자를 넣고 약한 불에 삶아 꺼낸다. 감자 삶은 물 1컵 정도를 따로 담아두어 으깬 감자가 너무 될 경우 섞는 데 쓴다.
2. 달걀은 8~10분 정도 삶아 껍질을 깐다.
3. 삶은 달걀의 반과 감자를 감자 으깨는 도구로 곱게 으깬 후 마요네즈와 홀스 래디시를 넣고 골고루 섞는다. 간을 보고 입맛 따라 소금이나 마요네즈로 간을 더한다.
4. 나머지 달걀은 동그란 모양으로 슬라이스해 ③에 섞는다.
5. 분리형 케이크 틀에 ④를 넣어 모양을 잡은 뒤 틀에서 분리해 접시에 올린다. 배추꽃을 올려 장식하고, 식빵을 곁들인다.

> **Hint**
> 케이크 틀이 없으면 볼이나 국그릇에 담아 뒤집어 모양을 만든다.
> 머스터드를 넣으면 맛이 조금 강하다. 강한 맛이 별로 좋지 않으면 식초, 설탕을 조금씩 넣어 아이들이 좋아하는 맛으로 만들어도 좋다.

잡곡 샐러드를 곁들인
섬진강 은어구이

하동을 여행하다 은어밥을 맛보고 나서 은어라는 생선을 알게 되었다. 이렇게 비린내가 적고 담백한 생선은 내 평생 처음이었다. 최근에 여수에서 알게 된 한 지인이 있는데, 그분은 은어를 너무나 사랑해 은어 낚시를 하기 위해 하동에 정착하셨다고 한다. 그분 덕에 낚시로 잡은 은어를 가끔 먹는데 오묘한 청록색을 띤 은백색이 참으로 아름답다.

READY 은어 4마리, 귀리·보리·렌틸·검은콩 1/2컵씩, 올리브 오일 2큰술
SH드레싱 3큰술, 타임 4~5줄기, 케이퍼 1큰술, 라임(또는 레몬) 1/2개
소금·통후추 약간씩

COOKING

1. 잡곡과 콩은 불려서 소금을 넣고 삶는다.
2. 은어는 내장을 제거하고 깨끗이 씻어 물기를 닦는다.
3. 라임을 소금이나 베이킹 소다로 문질러 씻는다.
4. 은어에 앞뒤로 올리브 오일을 바른 다음 오븐 트레이에 종이 포일을 깔고 은어를 올린다. 오븐을 200℃로 예열한 후 170℃로 낮춰 은어를 넣고 15~20분 정도 굽는다.
5. 삶은 잡곡과 드레싱을 골고루 섞어 접시에 펴 담은 후 구운 은어를 나란히 얹는다.
6. 라임을 둘러 짜고, 타임을 올리고 케이퍼, 소금, 통후추 간 것을 뿌려낸다.

바삭하게 구운 은어구이

튀긴 음식을 즐기지 않는 나도 하동의 은어튀김은 찾아가서 먹을 정도다. 은어는 고소하기도 하지만 눈을 감고 음미하면 엷은 수박 향이 난다. 그래서 중국에서는 '향어'라는 이름으로 불린다고 들었다. 민물 생선이지만 신기하게도 비린내가 없어 집에서 은어를 구우면 식구들은 생선 요리를 하는 줄도 모를 정도다. 섬진강 인근 식당에서 먹던 튀김이 그리워 빵가루를 묻혀 팬에 튀기듯 지졌더니 바삭하기가 튀김에 뒤지지 않는다.

READY 은어 4~6마리, 달걀 2개, 빵가루 4큰술, 갈릭 파우더 1큰술, 파르메산 치즈 가루 1큰술, 올리브 오일 4큰술, 방앗잎·산초잎 한 줌씩, 발사믹 식초 1큰술 또는 레몬 마요네즈 소스(p.11 참조) 4큰술, 파슬리 가루·소금·통후추 약간씩

COOKING

1. 은어는 내장을 제거하고 깨끗이 씻어 물기를 닦는다.
2. 달걀을 풀고 소금과 통후추 간 것을 살짝 넣어 간한다.
3. 빵가루, 갈릭 파우더, 파르메산 치즈 가루, 파슬리 가루와 소금, 통후추 간 것 약간을 넣어 골고루 섞는다.
4. 은어를 ②의 달걀물에 적신 다음 ③의 빵가루를 골고루 묻힌다.
5. 팬을 달궜다가 중간 불로 낮추고, 올리브 오일을 넉넉히 두른 후 빵가루 묻힌 은어를 올려 앞뒤로 노릇하게 굽는다. 한 면이 노릇하게 구워지면 뒤집어서 다른 한 면도 마저 노릇하게 굽는다.
6. 기다란 접시에 은어를 나란히 담고 방앗잎과 산초잎을 올린다. 발사믹 식초만 뿌려 먹어도 상큼하고, 레몬 마요네즈 소스를 곁들여 먹어도 좋다.

참소라 팍시 샐러드

어린 시절 진해에서 자라 바다와 해산물을 보면 늘 푸근하다. 아무 연고 없는 여수가 고향처럼 친근한 것도 아마 같은 남해 지역이라 그런 것 같다. 소라는 어린 시절 진해 바닷가에서 고둥과 함께 잡았던 추억의 식재료다. 참소라 껍질을 활용해 팍시를 만들면 여름 분위기가 물씬 난다.

READY 소라 4개, 오이·양파·토마토·아보카도 약간씩, 민트 2~3줄기, 라임 1개
(4인분)   SH드레싱 2~3큰술

COOKING

1. 소라는 솔로 껍데기에 붙은 흙과 이물질을 깨끗이 닦는다.
2. 오이, 양파, 토마토, 민트는 씻어 건져두고, 아보카도는 껍질과 씨를 제거한다.
3. 라임은 껍질을 소금이나 베이킹 소다로 씻은 후 반으로 가른다.
4. 냄비에 소라의 입 부분이 위를 향하게 놓고 잠길 정도의 물을 담은 뒤 굵은소금과 식초를 1큰술씩 넣어 20~25분 정도 삶는다. 끓으면서 거품이 올라오면 건진다.
5. 건진 소라를 식히는 동안 준비한 ②의 채소를 손톱 크기 정도로 잘라 볼에 담고 드레싱을 넣어 섞는다.
6. 식은 소라를 젓가락 끝으로 돌돌 돌리면서 빼낸 다음 독성이 있는 푸른 내장을 제거한다. 소라 살을 얇게 저며 ⑤의 샐러드와 섞는다.
7. 갈라놓은 라임의 반은 샐러드에 즙을 짜서 넣고, 나머지는 얇게 썰어 조각 피자처럼 6등분한 뒤 샐러드에 섞는다.
8. 소라 껍데기 속에 샐러드를 담고 접시에 담아 스푼과 함께 낸다.

(Hint)
채소와 과일은 다른 종류로 대체할 수 있다. 알록달록 색이 어우러지도록 고르면 된다.

참치 리예트와 검은콩 샐러드

프랑스의 리예트(rillettes)는 고기와 지방을 함께 익혀 만든 스프레드를 말한다. 주로 돼지고기나 오리고기로 만들고 식품점에서도 판매한다. 정식으로 만들면 콩피처럼 오래 걸려서 나는 치킨이나 참치로 간단 버전 리예트를 만든다. 리예트는 주로 빵 또는 크래커에 얹거나 발라 먹으므로, 재료의 수분을 꼭 짜서 보송하게 만드는 것이 중요하다. 매콤한 맛을 즐긴다면 할라페뇨 대신 청양고추를 다져서 섞는다.

READY
(4인분)

검은콩 4큰술, 귀리 4큰술, 아보카도 1개, 레몬 1/2개, 텃밭 채소(넓은 잎채소) 약간
케이퍼 1큰술, 파프리카 1/4개, 할라페뇨(또는 청양고추) 1작은술, 참치 캔 1개
홀그레인 머스터드 1큰술, SH드레싱 2~3큰술, 소금·파슬리 가루 약간씩

COOKING

1. 검은콩과 귀리는 미리 불렸다가 소금 1작은술씩을 넣고 각각 삶는다.
2. 아보카도는 반으로 갈라 껍질과 씨를 제거하고, 레몬은 소금으로 문질러 깨끗이 씻는다.
3. 텃밭 채소와 케이퍼는 씻어 건져 물기를 제거하고, 파프리카와 할라페뇨는 다져놓는다.
4. 캔 참치는 체에 밭쳐 국물을 완전히 빼거나 양손으로 쥐어 국물을 꾹 짠다.
5. 볼에 참치를 넣고 다진 파프리카, 다진 할라페뇨, 케이퍼, 머스터드와 소금 1/4작은술을 넣는다.
6. 레몬을 반으로 잘라 1/2개만 ⑤에 즙을 짜 넣고, 남은 레몬 1/2개는 최대한 얇게 썰어 넣고 살짝 섞는다.
7. 넓은 그릇에 잎채소를 깔고, ⑥의 참치 리예트를 작은 볼에 담았다가 뒤집어 동그랗게 모양을 잡아 잎채소 위에 올린다. 검은콩과 귀리도 소담히 담는다.
8. ②의 아보카도를 깍둑썰기해 올리고 리예트를 제외한 부분에 드레싱을 골고루 뿌린 다음 파슬리 가루로 마무리한다.

10년 전 여름, 니스에 사는 프랑스 친구가 서울로 여행을 왔을 때 가르쳐준 프로방스 향토 요리다. 사보이 양배추라고 부르는 잎이 쪼글쪼글한 양배추 안에 다진 고기와 채소를 잔뜩 넣어 만드는 양배추 파시라 할 수 있다. 1, 2월에 엄마가 김장 김치 익은 것을 꺼내 이파리에 만두소를 놓고 돌돌 말아주시던 것과 비슷한 느낌이다. 요즈음은 온라인으로 사보이 양배추를 살 수가 있고, 없으면 알배추를 쓰면 된다.

엄마가 해주시던 만두처럼
사보이 양배추 팍시

READY 사보이 양배추(또는 알배추) 1개, 쇠고기 간 것(또는 돼지고기·닭고기 간 것 다진 소시지나 햄 대체 가능) 200g, 양파·당근 1/2개씩, 근대잎(또는 연한 시금치) 한 줌, 마늘 2쪽, 올리브 오일 3~4큰술, 달걀 2개, 빵가루 2큰술, 파르메산 치즈 가루·다진 파슬리 1큰술씩, 타임 가루 1/2작은술, 소금·통후추 약간씩
면실(40~50cm 길이) 8줄
토마토소스 토마토 2개, 양파 약간, 바질 가루 1/2작은술, 올리브 오일 3~4큰술, 소금 약간

COOKING

1. 양배추는 밑동 가운데를 4~5cm 지름으로 도려내고 끓는 물에 소금을 약간 넣어 10분 정도 데친다. 식힌 후 잎을 떼낸다.
2. 양파, 당근, 근대잎은 손톱 크기로 썰고, 마늘은 다진다.
3. 달군 팬에 올리브 오일을 두르고 마늘, 양파, 당근을 살짝 볶는다.
4. 분량의 재료로 토마토소스를 만든다. 토마토는 잘게 썰고, 팬에 올리브 오일을 두르고, 토마토와 다진 양파를 넣어 볶다가 바질 가루와 소금을 넣고 통후추를 갈아 뿌린다.
5. 볼에 쇠고기 간 것과 ③의 볶은 채소, 나머지 재료를 모두 넣고 섞어 만두소처럼 만든다.
6. 지름 15~18cm 정도의 둥근 볼에 비닐 랩을 넓게 십자로 겹쳐 깐다. 양배추의 초록 잎을 가운데로 모아놓고 줄기가 위로 향하게 한 뒤 ⑤의 소를 둥그렇게 한 바퀴 돌려가며 담는다.
7. 반복해서 잎을 깔고 소를 담는다. 공간 여유가 있으면 한 층 더 깔고 소를 담는다.
8. 소가 다 차면 랩으로 단단하게 싸면서 동그랗게 감싸 다른 볼에 뒤집어 담아 냉장고에 하룻밤 보관한다. 단단하게 만드는 과정이다.
9. 면실을 바닥에 십자로 놓고, 냉장고에서 하룻밤 둔 ⑧을 실 위에 놓고 랩을 벗긴 다음 여러 방향에서 단단하게 묶는다.
10. ⑨의 팍시를 찜통에 쪄서 식힌 후 면실을 잘라낸다. 토마토소스를 접시에 담고 그 위에 팍시를 올린다.

(Hint)
소를 감쌀 때 큰 잎을 주로 쓰므로 작은 잎은 다져서 소에 섞으면 재료를 남김없이 쓸 수 있다.

양배추는 끓는 물에
소금을 약간 넣어 데친다.

양배추의 초록 잎을 가운데로 모아놓고
줄기가 위로 향하게 한다.

냉장고에서 하룻밤 보관한 후
면실로 단단하게 묶는다.

새콤달콤
고구마에 치킨 리예트

외국에서 지내다 한국에 오면 특히나 맛있는 것이 고구마다. 영양도 풍부하고 조금만 먹어도 배가 든든해지는 고구마를 간식으로만 먹는 것은 안타깝다. 그래서 주 메뉴로 만들어볼 궁리를 하다가 고구마에 치킨 리예트를 곁들여보았다. 고구마는 구워도 쪄도 다 맛있지만, 오븐에 구우면 단맛이 더 진해진다.

READY 고구마 4개, 닭가슴살 1쪽, 마요네즈 2큰술, 다진 파슬리 1큰술
(4인분) 민트잎·돌나물꽃·통후추 약간씩

COOKING

1. 고구마는 껍질째 깨끗이 씻어 한쪽 면에 세로로 칼집을 낸다. 220℃로 예열한 오븐을 180℃로 내려 고구마를 넣고 25분 정도 굽는다. 냄비에 쪄도 된다.
2. 닭가슴살은 깨끗이 씻어 두꺼운 냄비에 소금 1/2작은술을 넣고 저수분으로 익힌 뒤 건져 식힌다.
3. 닭가슴살은 결을 따라 가늘게 찢은 후 마요네즈와 다진 파슬리를 넣고, 통후추 간 것을 살짝 뿌려 골고루 섞는다.
4. 구운 고구마의 칼집 낸 부분을 따라 ③의 치킨 리예트를 숟가락으로 떠서 조금씩 올리고 민트잎과 돌나물꽃을 올려 장식한다.

으깬 고구마 렌틸 샐러드

고구마 두세 개 굽자고 오븐을 돌리는 것은 에너지 낭비이지 싶어 나는 고구마를 한 번 구울 때 오븐 가득 구워 두고 메뉴를 바꿔가며 먹는다. 사워크림이나 그릭 요구르트를 곁들여 먹기도 하고, 리예트와 함께 먹기도 하고, 으깨서 렌틸과 같이 먹기도 한다. 고구마는 구워놓은 것을 냉동하거나 냉장 보관했다가 전자레인지에 데워도 맛이 덜하지 않다.

READY 고구마 2개, 렌틸 4큰술, 표고버섯 4개, 파르메산 치즈 가루·사워크림(또는 그릭 요구르트) 1큰술씩, 올리브 오일 1작은술, SH드레싱 1큰술, 다진 파슬리 1작은술 허브 잎(또는 잎채소)·통후추 약간씩

COOKING

1. 220℃로 예열한 오븐을 180℃로 내려 고구마를 넣고 25분 정도 굽거나 찜통에 찐다.
2. 렌틸은 씻어서 30분간 불린 후 소금 1/2작은술을 넣고 중간 불로 15분 정도 삶는다.
3. 표고버섯은 밑동을 자르고 흐르는 물에 살짝 헹군 뒤 물기를 닦아 얇게 썬다.
4. 고구마는 껍질을 까서 으깬 다음 파르메산 치즈를 갈아 넣고 사워크림이나 그릭 요구르트를 넣어 섞는다.
5. 팬을 달군 후 중간 불로 낮추고 올리브 오일을 두른 다음 표고버섯을 앞뒤로 노릇하게 굽는다.
6. 접시 위에 삶은 렌틸을 올리고 드레싱을 두른다. 그 위로 구운 버섯을 층층이 쌓고, ④의 고구마를 떠서 얹는다.
7. 다진 파슬리와 통후추 간 것을 뿌리고 허브 잎이나 푸른 잎채소를 잘라 얹는다.

감자 대신 고구마로, 스페인식 오믈렛

스페인에서는 감자와 양파를 굵직하게 썰어 구운 다음 달걀을 풀어 두툼하게 부친 것을 토르티야 데 파타타(tortilla de patatas)라고 한다. 쉽게 말해 감자 오믈렛으로 이탈리아의 프리타타와도 비슷하다. 감자 대신 고구마를 넣으면 단맛이 나서 어린이 간식이나 아침 식사로 좋을 듯하다.

READY 고구마 3~4개, 양파(중간 크기) 1/2개(또는 양파 파우더 2큰술)
(4인분) 소시지·달걀 1개씩, 사워크림 1큰술, 다진 파슬리 적당량, 소금 1/4작은술
 올리브 오일·통후추 약간씩, 팬 2개(지름 22~25cm)

COOKING

1. 고구마는 오븐에 굽거나 찜통에 찐다.
2. 양파는 잘게 다져 올리브 오일을 살짝 두르고 볶는다.
3. 소시지는 끓는 물에 데친다. 소시지가 굵으면 길이로 반 가른다.
4. 고구마의 껍질을 벗겨 1/2개만 남겨두고 나머지는 모두 동그란 모양을 살려 썬다.
5. 남겨둔 고구마 1/2개를 볼에 담아 으깬 다음 볶은 양파와 달걀, 사워크림, 다진 파슬리 1큰술, 소금, 통후추 간 것을 넣고 고루 섞는다. 사워크림 대신 파르메산 치즈나 콩테 치즈, 그뤼예르 치즈 등을 섞어도 좋다.
6. 오븐 팬에 올리브 오일 1작은술을 바르고 ⑤의 으깬 고구마를 골고루 편 다음 ④의 고구마를 올린다. 이때 올리브 오일 대신 동량의 버터를 사용해도 좋다. 이 위에 소시지를 살짝 눌러 얹는다.
7. ⑥을 170℃ 오븐에 15분 정도 구워 윗부분이 노릇해지면 꺼낸다.
8. 오븐 대신 팬에 구울 수도 있다. 우선 팬을 달군 후 약한 불로 낮추고 올리브 오일을 골고루 바른 다음 ⑥과 같은 방법으로 재료를 담아 약한 불로 굽는다.
9. 고구마 굽는 냄새가 나면 중간 불로 올려 노릇하게 구운 후 다른 팬에 올리브 오일을 고루 발라 뚜껑처럼 덮고 조심스레 뒤집어 반대 면도 노릇하게 굽는다.
10. 접시에 옮겨 담고 다진 파슬리를 뿌린다.

토마토 아보카도 비트 샐러드

비트는 껍질이 얇고 맛도 특별하다. 비트의 영양은 많이 알려져 있지만 먹는 방법이 친숙하지 않아 주스에 넣어 갈아 마시는 경우가 많은데, 익혀서 먹으면 단맛이 올라가 맛있게 더 많이 먹을 수 있다.

READY 비트(중간 크기)·토마토 1개씩, 텃밭 채소(돌미나리·신선초 등) 약간
아보카도 1/2개, SH드레싱 2큰술

COOKING

1. 비트는 껍질을 깨끗이 씻어 냄비에 담고 비트가 잠기도록 물을 넣어 끓인다. 끓으면 약한 불로 줄여 1시간 정도 삶아 건져 식힌다.
2. 토마토와 텃밭 채소는 씻어 건진다.
3. 아보카도는 칼집을 내 반으로 갈라 씨를 빼고 숟가락을 이용해 속만 꺼낸다.
4. 비트, 토마토, 아보카도를 비슷한 크기의 웨지 모양으로 잘라 큰 접시에 보기 좋게 담는다.
5. 텃밭 채소를 곁들이고 드레싱을 뿌린다.

흔하디 흔한 오이, 가지, 토마토로

Salad

PART 5

동글동글 오이 샐러드

오이는 사철 나와도 가을, 겨울에는 손이 잘 가지 않는데 여름에는 시장에 갈 때마다 산다. 오이 샐러드는 프랑스 가정의 일상 식탁에서 우리의 오이무침과 같은 존재다. 별로 넣은 것도 없어 보이는데 맛있고, 더운 날 없으면 허전한 엄마 반찬이다. 딜은 특히 오이와 잘 어울려 나는 오이 샐러드에 딜을 챙겨 넣는다.

READY 취청오이 2개, 래디시 2~3개, 자색 양파 1/4개, 구운 호박씨(또는 잣·아몬드 등 견과류) 1큰술, 딜 가루 약간, SH드레싱 2큰술, 딜 1줄기

COOKING

1. 오이의 가시 부분을 소금으로 문질러 씻어 헹군 후 필러로 표면을 살살 긁는다.
2. 래디시는 둥근 모양을 살려 납작하게 썰고, 양파는 채 썬다.
3. 오이를 0.4~0.5cm 정도 두께로 동그랗게 슬라이스해 볼에 담는다. 래디시와 양파, 구운 호박씨, 딜 가루를 뿌리고 드레싱을 넣어 골고루 섞는다.
4. 준비한 샐러드 볼에 ③을 담고 딜을 잘게 잘라 올린다.

새콤달콤 오이 라페 샐러드

연하고 시원하기로는 백오이가 좋지만, 샐러드용으로는 육질이 단단하고 물이 덜 생기는 취청오이가 더 낫다. 날 덥고 입맛 없을 때 채칼로 후다닥 썰어 소스와 버무려 먹는다.

READY 취청오이 2개, 자색 양파 1/4개, 구운 호박씨·해바라기씨(또는 잣·아몬드 등 견과류) 1큰술씩, 레몬 마요네즈 소스(p.11 참조) 2큰술

COOKING

1. 오이의 가시 부분을 소금으로 문질러 씻어 헹군 후 필러로 표면을 살살 긁는다.
2. 채칼을 이용해 오이를 라페로 썰어 볼에 담는다.
3. 양파를 가늘게 채 썰어 ②에 섞고, 먹기 직전에 레몬 마요네즈 소스를 넣어 골고루 섞는다.
4. 볼에 담고 호박씨와 해바라기씨를 뿌린다.

육류나 생선 옆에
알감자 오이 샐러드

유럽 가정에서 육류와 생선의 주 요리에 가장 흔하게 곁들이는 반찬 같은 샐러드다. 드레싱에 버무려두면 식은 뒤에 먹어도 금방 삶은 감자 맛이 유지되어 좋다.

READY (4인분) 자색 감자(중간 크기) 300~400g, 취청오이 1/2개, 래디시 3~4개
자색 양파채 1/2개분, SH드레싱 4~5큰술

COOKING

1. 봄 감자는 껍질이 얇으므로 씻어서 껍질째 조리한다.
2. 오이는 깨끗이 씻고 가시 부분을 필러로 살살 제거한다.
3. 래디시는 밑동을 잘 씻어 건지고, 양파는 채 썬 뒤 찬물에 담가 매운맛을 뺀다.
4. 냄비에 감자가 잠기도록 물을 넣고 소금 1/2작은술을 넣어 끓기 시작하면 약한 불로 낮춰 20~25분 더 삶는다. 감자 익는 냄새가 나면 5분 후에 찔러본다.
5. 삶은 감자를 큰 볼에 담는다. 큰 것은 반으로 자른다.
6. 오이와 래디시는 0.4~0.5cm 두께로 납작하게 잘라 볼에 넣는다. 물이 생기니 소금은 뿌리지 않는다.
7. 드레싱을 넣어 골고루 섞고 접시에 담아낸다.

보코치니
오이 샐러드

오이는 어느 나라에서나 즐겨 먹는 채소다. 오이에 레몬즙만 뿌려 먹어도 시원하고 맛있는 샐러드가 된다. 여기에 보들보들한 보코치니 치즈와 핑크 페퍼를 솔솔 뿌리면 손님상에 내놓아도 손색 없다.

READY
(4인분)

취청오이 2개, 보코치니(미니 모차렐라 치즈) 125g, 레몬 1개, 통후추와 핑크 페퍼 합쳐서 1작은술
다진 파슬리 1큰술, 소금 약간, 오이꽃 1송이

COOKING

1. 오이와 레몬은 소금을 뿌려 깨끗이 씻는다.
2. 오이의 가시를 필러로 살살 훑은 후, 필러를 이용해 얇게 켠다.
3. 레몬은 세로로 4등분하고, 통후추와 핑크 페퍼는 미니 절구나 그라인더로 간다.
4. 볼에 오이를 자연스럽게 담고 소금을 살짝 뿌린 후 보코치니를 사이사이에 올린다.
5. 레몬즙을 짜 넣고, 다진 파슬리를 뿌린 후 마지막에 갈아둔 통후추와 핑크 페퍼를 뿌린다.

(Hint)

취청오이는 껍질 색도 진하고 식감도 아삭하다. 오이 샐러드를 먹기 전에 냉장고에 넣어두었다가 시원하게 먹으면 더 상큼하다.

오이말이 샐러드

앞서 소개한 오이 샐러드에 비해 손이 가는 샐러드지만 단아하고 정성스럽다. 하나씩 옮기는 것이 쉽지 않아 접시에 1인분씩 담아낸다. 미리 만들어 냉장고에 두었다가 내면 되기 때문에 여름철 손님 초대상에 애피타이저로 활용하면 좋다.

READY   취청오이 2개, 아보카도·오이·래디시(새우·딸기·토마토 등 붉은 색감의 재료로 대체 가능) 약간씩, 텃밭 민트잎·어린 갓 약간씩, SH드레싱 2큰술 나무 꼬치(고정용) 2개

COOKING

1. 오이의 가시 부분을 소금으로 문질러 씻어 헹군 후 필러로 표면을 살살 긁는다.
2. 필러로 오이의 밑동부터 끝까지 살짝 힘을 주어 0.3cm 두께로 얇고 길게 자른다.
3. 아보카도, 오이, 래디시 등은 손톱 크기로 깍둑썰기한다.
4. 민트잎과 어린 갓은 씻어서 물기를 턴다.
5. 자른 오이를 식탁에 낼 접시 위에서 동그랗게 여러 겹 돌려 지름 10cm 정도의 원으로 만든 뒤 나무 꼬치로 고정한다.
6. ③의 작게 자른 채소들을 골고루 섞어 ⑤의 오이말이 속에 조심스레 담고 드레싱을 뿌린 후 민트잎을 올린다.

스페인 스타일
튀김처럼 구운 가지 스틱

아이들이 가지를 싫어하는 이유는 대개 물컹한 식감 때문이다. 가지를 구우면 그 물컹한 느낌이 훨씬 덜해 구워서 피자에 얹어주면 평소에 가지를 안 먹던 아이들도 잘 먹는다. 맛은 조선가지가 달고 맛있지만, 꼭지가 초록색인 통통한 서양가지가 좀 더 단단해서 가지 스틱을 만들기에는 더 좋다. 튀기는 대신 나는 빵가루를 묻혀 튀기듯이 바삭하게 굽는다.

READY 가지(짧고 통통한 서양가지) 2~3개, 빵가루 2~3큰술, 갈릭 파우더 1/2작은술
(4인분) 파르메산 치즈 가루 2큰술, 달걀 2개, 올리브 오일 4~5큰술
소금·통후추·파슬리 가루 약간씩, 레몬 마요네즈 소스(p.11 참조) 4큰술

COOKING

1. 가지는 꼭지를 잘라 2개는 0.7~0.8cm 두께로 납작하게 슬라이스한 후 손가락 크기로 자르고, 1개는 둥근 모양을 살려 도톰하게 썬다.
2. 빵가루에 갈릭 파우더 1/2작은술과 파르메산 치즈 간 것 2큰술을 넣어 섞는다.
3. 달걀을 풀어 소금, 통후추 간 것을 넣고 섞는다.
4. ③의 달걀물에 잘라둔 가지를 담그고 팬을 달군다.
5. 팬이 달궈지면 중간 불로 낮추고 올리브 오일을 듬뿍 두른다. 가지를 1개씩 건져 ②의 빵가루에 묻힌 다음 팬에 올려 굽는다.
6. 스틱 모양 가지는 사면으로 돌려가며 굽고, 둥근 것은 앞뒤로 구워 꺼낸다.
7. 접시에 가지를 올린 후 갈릭 파우더와 파르메산 치즈 가루, 파슬리 가루를 살짝 뿌리고, 레몬 마요네즈 소스를 곁들인다.

(Hint)
가지와 빵가루는 오일 흡수가 많으므로 중간에 오일을 충분히 보충한다.

길게 잘라서, 한여름 가지구이

가지가 많을 때 빨리 먹어 치우게 해주는 레시피다. 한 번에 많은 양의 가지를 먹을 수 있을 뿐 아니라 만들어서 냉동 보관해두고 먹어도 된다. 냉동 가지구이는 오븐에 데워 가지 라자냐로 먹을 수도 있고, 샐러드나 파스타에 곁들일 수도 있다.

READY 가지(짧고 통통한 서양가지) 2개
토마토 소스 잘 익은 토마토(중간 크기) 1개, 다진 양파 2큰술
올리브 오일 3~4큰술, 소금·바질 가루 약간씩, 민트잎 약간

COOKING

1. 가지는 씻어 꼭지를 자른 뒤 0.7~0.8cm 두께가 되도록 길이로 자른다.
2. 토마토는 꼭지를 따고 대강 자른다.
3. 냄비에 올리브 오일을 두르고 다진 양파를 볶다가 ②의 토마토를 넣고 같이 어우러지게 볶으면서 소금, 바질 가루를 조금씩 넣는다. 나중에 토마토 껍질을 건져낸다.
4. 달군 팬을 중간 불로 낮춘 후 올리브 오일을 두르고 가지를 앞뒤로 노릇하게 구운 뒤, ③의 토마토소스를 올린다.
5. 접시에 가지런히 담고 민트잎으로 장식한다.

시칠리아식
차가운 가지말이

보통 시칠리아식 가지말이는 모차렐라 치즈를 속에 넣고 말아 오븐에 굽는데, 쉽게 하려고 차게 먹을 방법을 고심하다가 나만의 방식을 찾았다. 만들기는 쉽고 차림새는 예뻐 만족도가 높다. 가지말이는 가늘고 긴 조선가지로 만들면 모양이 딱이다. 토마토는 깡통에 든 홀 토마토를 이용해도 되고, 잘 익은토마토를 이용해도 된다. 미리 만들어 1~2시간 냉장해두면 시원하게 먹을 수 있다.

READY 가지(길쭉한 모양의 조선가지) 2개, 느타리버섯 한 줌, 올리브 오일 적당량
(4인분) 파르메산 치즈 가루·민트잎 약간씩
토마토소스 완숙 토마토 2개, 다진 양파 2큰술, 올리브 오일 3~4큰술
소금·바질 가루 약간씩

COOKING

1. 가지는 길고 굵은 것으로 골라 씻어 꼭지를 자른 후 0.5cm 정도 두께로 썬다.
2. 토마토는 잘게 썰고, 팬에 올리브 오일을 두르고, 토마토와 다진 양파를 넣어 볶다가 바질 가루와 소금을 넣고 통후추를 갈아 뿌린다.
3. ②가 끓기 시작하면 느타리버섯을 가늘게 찢어 넣고 같이 볶아 식힌다.
4. 팬에 올리브 오일을 살짝 두르고 ①의 가지를 올려 중간 불로 앞뒤를 노릇하게 굽는다.
5. ③의 토마토소스를 구운 가지 끝부분에 1작은술씩 얹고 김밥 말듯 소스를 조금씩 발라가며 돌돌 말아서 1~2시간 냉장한다.
6. 접시에 보기 좋게 담고 필러로 파르메산 치즈를 조금씩 깎아 얹은 후 민트잎을 하나씩 올린다.

지중해식 가지통구이

프랑스 남부를 비롯해 지중해와 접한 지역에서는 흔한, 주요리 옆에 곁들이는 반찬 같은 메뉴다. 가지를 통째로 구워 주말 식탁이나 손님상에 올리면 메인 요리처럼 볼품 있다. 가지와 토마토는 서로 잘 어울리고 같은 계절에 나오기 때문에 훌륭한 단짝이다. 컬러 고추를 쓰면 색이 예쁘지만 매운맛을 좋아한다면 할라페뇨를 써도 된다.

READY 가지(짧고 통통한 서양가지) 2개, 올리브 오일 적당량, 타임 4~6줄기
살사 소스 토마토 1개, 컬러 고추 2개, 케이퍼 1큰술, 다진 파슬리 1큰술 머스터드 시드 1/2큰술, SH드레싱 2큰술, 타임 가루 약간

COOKING

1. 가지는 씻어 물기를 닦고 꼭지에서부터 세로로 반을 가른다.
2. 토마토와 고추는 씻어 물기를 제거한 후 손톱 크기로 자른다.
3. 볼에 토마토, 고추, 케이퍼, 다진 파슬리, 머스터드 시드, 드레싱, 타임 가루를 넣고 골고루 섞어 살사 소스를 만든다.
4. 칼끝으로 가지의 단면 가운데에 길게 칼집을 낸다. 달군 팬에 올리브 오일을 넉넉히 두르고 중간 불로 줄여 가지의 단면을 먼저 굽는다.
5. 가지 굽는 냄새가 나면 뒤집어 불을 조금 내려 굽는다. 구운 가지는 자른 단면을 위로 하여 접시에 놓고 식힌다.
6. 가지가 반쯤 식으면 가운데 칼집을 양쪽으로 살살 벌리고 ③의 소스를 담은 뒤 타임을 올린다.

터키의 맛, 으깬 가지

뉴욕의 터키 레스토랑에서 으깬 가지 샐러드를 처음 먹었다. 같은 지중해 주변 지역의 가지 요리인데 니스에서 먹던 남프랑스식 가지 샐러드보다 훨씬 맛있고 친근하게 느껴진 것은 양념이 우리 입맛에 맞아 그랬을 것이다. 그 후 터키에 가보니 레스토랑마다 이 요리가 나오는데 집집마다 비슷한 듯하면서도 조금씩 맛이 달랐다. 마치 우리의 김치처럼 말이다. 서양에서는 가지 껍질이 두꺼워 껍질을 벗기고 만드는데 조선가지는 껍질째 먹어도 된다. 으깬 가지는 페스토처럼 바게트 조각이나 크래커에 얹어 카나페로 먹기도 좋다.

READY 가지(길쭉한 모양의 조선가지) 4~5개, 파프리카 1/2개
(4인분) (토마토나 고추로 대체 가능), 마늘 1/2쪽, SH드레싱 3~4큰술
레몬즙 2작은술(레몬 1/2개를 짠 분량), 구운 잣 1작은술, 그린 올리브 4~5개
소금 약간, 올리브 오일 4큰술, 텃밭 가지꽃 1~2송이

COOKING

1. 가지는 씻어서 꼭지를 자르고 길이로 반 갈라 찜통에 뭉근하게 찐다. 오븐에 구울 경우 통으로 굽는다.
2. 파프리카는 잘게 자르고, 마늘은 다진다.
3. 익힌 가지의 속을 숟가락이나 감자 으깨는 도구로 으깬다.
4. 볼에 으깬 가지와 가지 껍질, 파프리카, 다진 마늘을 담고 올리브 오일 2큰술, SH드레싱, 레몬즙, 소금을 넣어 골고루 섞는다.
5. 간이 배도록 1시간 정도 두었다가 그릇에 담고, 올리브 오일 2큰술을 두르고 잣과 올리브를 올린다. 가지꽃으로 장식해 마무리한다.

(Hint)
찜통에서 찌는 것보다 오븐에 구웠을 때 가지의 단맛이 더 진하다.

태양의 기운을 머금은
노지 토마토 샐러드

날씨가 더워지면 어린 시절 기억 속의 풀 향기 가득한 토마토가 생각난다. 더위가 한창일 때 장터에 가면 노부가 텃밭에서 키워 들고 나온 빨갛게 익은 못생긴 토마토를 만날 수 있다. 갓 따서 풋내가 물씬 나고, 한 입 물면 진한 토마토 맛이 배어 나온다. 쿠킹 클래스 수강생들이 "요즘 토마토는 싱거워요", "유럽 토마토는 왜 그렇게 맛있어요?" 등의 말을 가끔 하곤 한다. 싱거운 토마토는 대개 수경 재배한 것일 확률이 높다. 많은 농산물이 그렇지만 토마토야말로 태양이 키우는 작물이다. 뜨거운 햇빛이 키워낸 노지 토마토를 만나면 꼭 만들어 먹어야 할 샐러드다.

READY 노지 토마토 2~3개, 그린 토마토 1개, 부라타 치즈 1덩이
다진 파슬리 1작은술, SH드레싱 2큰술, 텃밭 바질 1줄기

COOKING

1. 토마토는 씻어서 모두 0.5~0.7cm 두께로 슬라이스한다.
2. 잣은 기름 없이 오븐이나 팬에 살짝 굽는다.
3. 토마토를 접시 위에 보기 좋게 담고, 토마토 위에 부라타 치즈를 올린 뒤 다진 파슬리와 잣을 뿌린다.
4. 드레싱을 뿌리고 바질을 올린다.

토마토 새우 팍시

팍시는 준비에 손이 좀 가는 편이라 손님 오는 날 만든다. 겨울에는 육류를 넣어 오븐에 굽고, 여름에는 시원한 해산물 샐러드로 준비한다. 토마토 크기를 일정한 것으로 고르는 것이 보기 좋다. 잘라낸 윗부분과 파낸 속은 토마토소스를 만들 때 이용한다.

READY 토마토 4개, 생새우(작은 것) 150g, 레몬 마요네즈 소스(p.11 참조) 2큰술
다진 파슬리 1큰술, 딜 1줄기

COOKING

1. 토마토를 씻어서 윗부분을 2cm 정도 가로로 반듯하게 자른 후 작은 숟가락으로 토마토 속을 조심스럽게 반 정도 파낸다.
2. 생새우는 씻어서 끓는 물에 데쳐 건진다.
3. 볼에 데친 새우와 레몬 마요네즈 소스, 다진 파슬리를 넣고 골고루 섞는다.
4. 접시 위에 토마토를 놓고 그 안에 새우를 담은 후 딜을 조금씩 뜯어 올려 장식한다.

텃밭 민트잎과
완도 방울토마토 샐러드

방울토마토를 여러 가지 색으로 준비해서 만들면 식탁에 생기가 돈다. 쉽게, 바로 만들어 먹을 수 있고 삶아둔 콩도 함께 곁들이니 한 끼 식사도 된다. 이 샐러드는 바게트 위에 얹어 브루스케타로 만들어도 좋다

READY 삼색 방울토마토 300g, 텃밭 민트잎 한 줌
(4인분) 흰 강낭콩·래디시·블랙 올리브 약간씩, SH드레싱 3~4큰술
바질 가루 1/2작은술, 페타 치즈 2큰술

COOKING

1. 방울토마토는 꼭지를 떼고 씻어 체에 건진다. 래디시는 반달 모양으로 슬라이스한다.
2. 민트잎도 씻어 잎을 한 장씩 따고 큰 잎은 두세 조각으로 자른다.
3. 흰 강낭콩은 하룻밤 불려 약간의 소금을 넣고 삶는다.
4. 큰 볼에 방울토마토를 반으로 잘라 담고, 올리브와 민트잎 반 줌을 넣는다. 드레싱을 넣어 골고루 섞은 다음 바질 가루를 뿌린다.
5. 오목한 그릇에 담고 페타 치즈를 손톱 크기로 잘라 얹은 후 남겨둔 민트잎 반 줌을 올린다.

한여름 피로 해소제
토마토 가스파초

동서양 요리를 두루두루 잘하시던 엄마는 겨울이면 토마토와 당근, 쇠고기를 넣은 수프를 자주 만들어주셨다. 엄마는 그걸 굴라시라고 불렀는데, 지금 생각하니 굴라시보다는 이탈리아 수프 미네스트로네나 러시아 수프 보르슈에 가까웠던 것 같다. 고기 없이 뭉근하게 오래 끓인 토마토 수프가 남아 냉장고에 보관했다가 갈았더니 시원하면서도 깊은 맛이 나는 가스파초가 되어, 그 뒤로는 일부러 만든다. 당근이나 비트를 넣으면 단맛이 더 올라가고 색도 예뻐진다.

READY 완숙 토마토 4개, 비트·당근 1/2개씩(생략 가능), 마늘 1쪽, 올리브 오일 1큰술
물 5컵, 소금 1/2작은술, 월계수잎 1장, 그릭 요구르트 2큰술, 바질 페스토 1작은술,
소금·타임 가루 약간씩

COOKING

1. 토마토, 비트, 당근은 껍질째 깨끗이 씻어 적당히 숭숭 썬다. 마늘도 씻어서 편으로 썬다.
2. 냄비에 올리브 오일을 두르고 마늘과 ①의 채소를 볶다가 물 5컵과 소금, 월계수잎을 넣고 끓인다.
3. 끓기 시작하면 약한 불로 30~40분 더 끓이고 나서 불을 끈 다음 뚜껑을 덮어 15분 정도 뜸을 들인다.
4. ③의 뚜껑 열고 식힌 뒤 믹서에 갈고 소금으로 간을 맞춘다. 기호에 따라 더 곱게 갈거나 체에 걸러도 좋다.
5. 하룻밤 냉장한 후 타임 가루를 살짝 뿌리고, 그릭 요구르트, 바질 페스토를 올려 낸다.

시장 과일들

Salad

PART 6

천도복숭아 리코타 테린

테린(terrine)은 고기나 오리 간 등을 네모난 오븐 용기에 구워 식힌 뒤 잘라 먹는 프랑스 음식이다. 테린은 오븐에 넣는 손잡이 달린 네모난 질그릇을 의미한다. 치즈와 과일을 함께 먹는 일이 많은 프랑스식 차림에서 힌트를 얻은 이 메뉴는 복숭아 철에 그 향을 즐기려고 만들어본 것이다. 치즈 특유의 냄새와 천도복숭아의 새콤한 향 그리고 단맛이 오묘하게 잘 어울리는 조합이다. 치즈는 리코타, 페타, 셰브르(고트) 등의 부드러운 화이트 치즈가 좋다. 나는 여름이면 커다란 2L짜리 우유를 사서 리코타 치즈를 만들고, 여기에 좋아하는 허브를 잔뜩 넣어두었다가 천도복숭아 테린을 만들 때 쓴다.

READY 천도복숭아 2개, 리코타 치즈 200g, 셰브르 치즈(또는 페타 치즈) 1큰술
와일드 루콜라(또는 잎채소) 한 줌, 라디치오·통후추 약간씩
엑스트라 버진 올리브 오일 1큰술, 발사믹 식초 1/2큰술, 사각 틀(13×5.5cm)

COOKING

1. 종이 포일을 사각 틀의 바닥 사이즈에 맞춰 자르고, 높이는 틀보다 높게 잘라 틀 안에 깐다.
2. 들어 올리기 편하도록 바닥의 모서리에 손가락 끝으로 각을 잡아놓는다.
3. 리코타 치즈에 셰브르 치즈를 골고루 섞는다. 치즈에 물기가 없어야 모양이 단단하게 잘 잡힌다.
4. 천도복숭아는 반을 갈라 씨를 빼고 0.2~0.3cm 두께로 썬다. 종이 포일 위에 복숭아를 가지런히 깐 다음 종이 타월로 살짝 눌러 물기를 없앤다.
5. 숟가락 등으로 복숭아 위쪽 끝부터 치즈를 누르면서 1~1.5cm 두께로 단단하게 덮고 숟가락 끝으로 모서리 4면을 잘 누른다.
6. 치즈 위에 복숭아를 다시 가지런히 올리고 종이 포일로 양쪽을 덮은 후 냉장고에 하루 둔다.
7. 루콜라와 라디치오를 씻어 물기를 거둔 후 접시에 담는다. 올리브 오일, 발사믹 식초 순으로 드레싱을 뿌린 다음, 복숭아 테린을 종이 양쪽으로 들어 올려서 케이크 서버로 샐러드 옆에 곁들인다.
8. 통후추를 갈아서 뿌려 마무리한다.

리코타 치즈와 살구구이

바나나, 배, 복숭아, 사과, 파인애플 등은 구우면 풍미가 더 좋아지고 향이 올라와 먹기도 전에 기분이 좋아진다. 살구도 그렇다. 살구구이는 가장 간단하면서도 사랑스러운 디저트라 하겠다.

READY 살구 3~4개, 리코타 치즈 2큰술
(4인분) 민트잎 약간

COOKING

1. 살구는 씻어 물기를 닦고 반으로 갈라 씨를 뺀다.
2. 팬을 달군 후 중간 불로 낮추고 살구의 단면이 닿도록 팬에 올려 노릇하게 굽는다. 구운 살구를 접시에 담고, 리코타 치즈를 떠서 살구 위에 얹는다.
3. 민트잎도 같이 곁들이면 향이 더욱 상큼하다.

(Hint)
과일을 구울 때는 단면을 올려 재빨리 구워야 과즙의 손실이 적고 맛이 좋다.

오디 살구 샐러드

늦봄부터 초여름 사이의 잠깐이 살구의 계절이다. 나오는 기간이 짧아 그동안 듬뿍 먹어둬야 다음 해 살구 철까지 기다릴 수 있다. 살구는 향이 좋아 프랑스 사람들은 살구로 잼도 만들고, 샐러드도 하고, 살짝 구워 먹기도 한다. 주스는 물론 퓌레나 케이크, 타르트 재료로도 좋은 과일이다.

READY (4인분)

살구 4~5개, 오디 1컵, 텃밭 채소(쑥갓·민트·돌미나리·적치커리 등) 두 줌
사워크림(또는 그릭 요구르트)·발사믹 식초 1큰술씩, 파슬리 가루 약간

COOKING

1. 살구와 오디는 흐르는 물에 씻는다.
2. 텃밭 채소는 씻어 건져 물기를 턴다.
3. 접시에 채소를 펼쳐 담는다. 살구는 반으로 잘라서 씨를 뺀 뒤 채소 위에 둘러 담고, 오디는 채소 가운데에 소담히 담는다.
4. 사워크림을 듬뿍 떠서 담고 파슬리 가루를 뿌린다.
5. 발사믹 식초를 뿌려 먹는다.

장미 향 솔솔 나는
참외 그린 샐러드

여름의 맛, 참외. 아삭함, 시원함, 단맛을 모두 갖춘 과일이다. 참외만 먹어도 좋지만 아보카도, 잎채소, 치즈 등을 곁들여 내면 청량한 여름 샐러드가 된다.

READY
(4인분)

참외(중간 크기) 2개, 아보카도 1개, 텃밭 채소(방앗잎·민트잎·더덕잎·적로메인 등) 두 줌, 리코타 치즈 4큰술, 구운 호박씨·해바라기씨·SH드레싱(또는 발사믹 식초) 1큰술씩, 말린 장미 꽃잎(생략 가능)·통후추 약간씩

COOKING

1. 참외는 껍질째 깨끗이 씻는다.
2. 아보카도는 껍질을 제거하고 씨를 뺀다.
3. 텃밭 채소는 씻어서 물기를 빼둔다.
4. 큰 접시에 채소를 펼쳐 깐다.
5. 참외를 반으로 잘라 속을 제거하고 세로 방향으로 0.4~0.5cm 두께로 잘라 채소 위에 얹는다.
6. 아보카도 참외와 비슷한 모양으로 썰어 올린다.
7. 리코타 치즈를 숟가락으로 떠서 올리고 구운 호박씨와 해바라기씨를 뿌린다.
8. 장미 꽃잎과 통후추 간 것을 뿌려 마무리하고 먹기 직전에 드레싱을 뿌린다.

멜론 대신
프로슈토 참외 샐러드

멜론과 프로슈토의 조합을 최고로 꼽지만 참외의 단맛이 한창인 여름에는 참외와 프로슈토의 매칭도 훌륭하다. 애피타이저나 안주로 쉽게 만들어 먹을 수 있는 좋은 메뉴다. 멜론보다 싼 가격으로 즐길 수 있는 것도 이 샐러드의 매력.

READY 참외(중간 크기) 1개, 프로슈토 2~3조각, 리코타 치즈 2큰술
텃밭 민트잎·핑크 페퍼· 통후추 약간씩

COOKING

1. 참외는 껍질째 씻어 물기를 닦은 후 반으로 잘라서 속을 제거하고 세로로 4~5등분한다.
2. 접시에 참외와 프로슈토를 올린다. 프로슈토는 참외를 감싸거나 큼직하게 뜯어서 놓는다.
3. 리코타 치즈를 숟가락으로 떠서 얹고 민트잎과 핑크 페퍼를 올린 뒤 통후추를 갈아 뿌린다.

(Hint)
프로슈토와 리코타 치즈가 간이 되므로 드레싱은 생략하거나 발사믹 식초를 살짝 뿌리는 정도로 마무리한다.

더위 극복
빙수처럼 즐기는 수박

더운 날 청량음료 대용으로 제격인 수박. 수박을 통째로 사용하고 다양한 제철 과일로 장식한 샐러드는 여름철 손님 초대상의 번듯한 디저트가 된다.

READY 애플수박 1개, 체리·앵두·레몬·보리수 열매 등 제철 과일 적당량
레몬주스(또는 과일 주스) 2큰술, 레몬·민트잎 약간씩

COOKING

1. 수박을 씻어 물기를 닦고 윗부분을 5cm 정도 자른다.
2. 수박 속을 반 정도 떠내어 먹기 좋게 자른 뒤 다시 수박 안에 담는다.
3. 다양한 제철 과일과 레몬주스를 넣고 레몬과 민트잎으로 장식한다.

리코타 치즈를 곁들인
애플수박

아들이 독립한 뒤로 남편과 둘이 지내는 시간이 많은 요즘, 손님이 오지 않는 한 수박 한 통을 살 일이 별로 없다. 대신 조그만 복수박이나 애플수박을 하나 사면 그 자리에서 먹고 끝나 깔끔하다. 요즘은 다양한 색의 수박이 많이 나와 수박 샐러드를 즐기기에도 좋다. 큰 수박을 1/6이나 1/8 크기로 잘라 만들어도 된다.

READY 애플수박 1/2개, 리코타 치즈 2큰술
딜 1줄기

COOKING
1. 수박은 씻어 물기를 닦고 가로로 반 가른다.
2. 수박의 둥근 모양을 살려 0.7~0.8cm 두께로 잘라 접시에 놓는다. 리코타 치즈를 살짝 떠서 수박 위에 올리고 딜을 곁들인다.

수박 샐러드와 새우 케밥

수박은 향이 강하지 않고 시원하면서 달아 어디에 넣어도 두루두루 잘 어울린다. 게다가 빨간 색감이 식욕을 자극하기도 하니 여름철 요리의 부재료로 좋다. 양념에 재운 새우는 타지 않게 굽고, 취향에 따라 그릭 요구르트를 곁들여도 잘 어울린다.

READY 애플수박 1/2통, 새우(중간 크기) 8~10마리, 올리브 오일 2큰술
갈릭 파우더 1/2작은술, 커리 가루·허브 가루·소금·통후추·잣 약간씩
방앗잎·쑥갓·신선초 등 푸른 잎 채소 적당량, SH드레싱 1~2큰술

COOKING

1. 수박은 0.7~0.8cm 두께의 삼각 모양으로 먹기 좋게 자른다.
2. 손질한 새우를 볼에 담고 올리브 오일 1큰술, 갈릭 파우더, 커리 가루, 허브 가루, 소금, 통후추 간 것을 넣어 골고루 섞는다.
3. 채소는 손질해 씻은 후 물기를 뺀다.
4. 잣은 팬에 기름 없이 살짝 굽는다.
5. 달군 팬에 올리브 오일 1큰술을 두르고, 중간 불로 줄여 새우를 노릇하게 굽는다.
6. 채소를 접시에 담고 드레싱을 뿌린 다음, 구운 새우와 수박을 올리고 구운 잣을 뿌린다.

레드 와인에 절인
체리 블루베리

블루베리는 어떤 과일과도 대부분 잘 어울리고 냉동 보관해도 열매 모양이 그대로라 1년 내내 즐길 수 있다. 친동생이 제주도에서 블루베리 농사를 지은 뒤로는 더욱 다양한 메뉴를 시도해볼 수 있었다. 리코타 치즈와 즐기기도 하고, 블루베리가 한창일 때는 와인과 함께하기도 한다. 체리, 블루베리 등의 과일을 레드 와인에 절이면 그 맛이 기대 이상이다. 레드 와인이 없다면 포도 주스에 레몬 시럽을 넣어 체리를 절여도 되고, 시나몬 스틱이 없으면 바닐라 빈으로 대신해도 된다. 단맛을 좋아한다면 꿀이나 과일 청을 넣는다.

READY 블루베리 150g, 체리 50g, 시나몬 스틱(또는 바닐라 빈) 1개
레드 와인 1/2컵, 레몬즙(또는 레몬청) 1큰술

COOKING

1. 블루베리와 체리는 씻어서 건져놓는다.
2. 체리는 가로로 잘라 씨를 뺀다.
3. 볼에 체리와 블루베리, 시나몬을 담는다.
4. 컵에 와인과 레몬즙을 담고 잘 저어서 ③의 과일에 골고루 붓는다. 냉장고에 1시간 정도 두었다가 먹는다.

Index

ㄱ

가지구이 174
가지말이 176
가지통구이 178
감자 갈레트 134
감자 대신 고구마로, 스페인식 오믈렛 154
감자사라다 136
고구마에 치킨 리예트 150
고등어 팍시 94
고사리, 달래, 콩으로 파스타 30
구운 가지 스틱 172
그린 소스 전복 냉파스타 128
근대와 폴렌타를 곁들인 금풍생이구이 68
꼴뚜기 샐러드 54

ㄴ

낙지 그린 올리브 샐러드 52
남해 멸치로 매리네이드한 안초비 56
노지 토마토 샐러드 182
니스풍 3단 오믈렛 108

ㄷ

다슬기 오색 샐러드 76
다슬기와 마늘종 연근 샐러드 48
달래구이와 돼지 등심 스테이크 46
당근구이 샐러드 26
대파찜 샐러드 32
더덕구이 들깨소스 샐러드 34
돌돔 카르파초 126
돌산 갓과 통영 도다리로, 코르시카식 샐러드 66

두릅구이 샐러드 20
들깨 소스 머윗대 샐러드 24

ㄹ

레드 와인에 절인 체리 블루베리 208
리코타 치즈를 곁들인 애플수박 204
리코타 치즈와 살구구이 194
리코타를 넣은 호박꽃구이 118

ㅁ

미나리잎 홍합꼬치 88
민어구이와 모둠 콩 샐러드 120
민트잎과 완도 방울토마토 샐러드 186

ㅂ

바지락 파에야 62
버터 향 가득 삶은 당근 샐러드 28
보코치니 오이 샐러드 168
블루치즈와 콩을 곁들인 아스파라거스 100
비단가리비구이 132
빙수처럼 즐기는 수박 202

ㅅ

사보이 양배추 팍시 146
서대구이를 곁들인 흑미 리소토 98
소라 콘킬리에 40
손두부 샐러드 84
수박 샐러드와 새우 케밥 206
숭어 호박잎쌈 64

ㅇ

안초비를 곁들인 스페인식 판 콘 토마테 58
알감자 오이 샐러드 166
애호박 라페와 피타브레드 쌈 80
애호박 바질 페스토 펜네 44
애호박 통구이 42
애호박 팍시 78
여러 가지 콩을 곁들인 당근구이 샐러드 106
오디 살구 샐러드 196
오렌지색 단호박 팍시 110
오이 라페 샐러드 164
오이 샐러드 166
오이말이 샐러드 170
우엉채구이 샐러드 86
으깬 가지 180
으깬 고구마 렌틸 샐러드 152
은어구이 138

ㅈ

자색 양파를 곁들인 마살라 포크 82
잡곡 샐러드를 곁들인 섬진강 은어구이 138
조선호박 순두부 샐러드 102

ㅊ

참소라 팍시 샐러드 142
참외 그린 샐러드 198
참치 리예트와 구수한 검은콩 샐러드 144
천도복숭아 리코타 테린 192
초당 옥수수 샐러드 92
총각무 래시디 샐러드 22

취나물 바지락찜 60
칠게구이 90

ㅋ

콘킬리에 샐러드 130

ㅌ

토마토 가스파초 188
토마토 라이스 샐러드 122
토마토 새우 팍시 184
토마토 아보카도 비트 샐러드 156

ㅍ

파프리카 샐러드 96
프로슈토 참외 샐러드 200

ㅎ

햇강낭콩 샐러드 104
햇양파조림 38
햇완두콩 샐러드 18
햇죽순과 표고 샐러드 36

나의 로컬 푸드 샐러드

초판 1쇄 발행 2021년 9월 6일

지은이	이선혜
펴낸곳	브.레드
책임 편집	이나래
편집	허원
교정·교열	전남희
사진	스튜디오 일오 이과용
풍경 사진	크리스티앙 바르드(Christian Barde)
그림	이선혜
디자인	아트퍼블리케이션 디자인 고호
마케팅	김태정
인쇄	(주)상지사 P&B

출판 신고 2017년 6월 8일 제2017-000113호
주소 서울시 중구 퇴계로 41길 39 703호
전화 02-6242-9516 | 팩스 02-6280-9517 | 이메일 breadbook.info@gmail.com

ⓒ이선혜, 2021
이 책 내용의 전부 또는 일부를 재사용하려면 출판사와 저자 양측의 동의를 얻어야 합니다.
ISBN 979-11-90920-15-5

b.read 브.레드는 라이프스타일 출판사입니다. 생활, 미식, 공간, 환경, 여가 등
개인의 일상을 살피고 삶을 풍요롭게 하는 이야기를 담습니다.